草花と動物たちの刺繍ガーデン

Embroidery garden of flowers and animals

森本 繭香
Mayuka Morimoto

日本文芸社

はじめに

ケーキ作りや、浜辺の隅に咲いていたはまなす、
道で出会ったキタキツネ……。
北海道に住む私にとっては、どれもが特別ではなく、
いつもの日常を切りとった、その中の一つです。
そんな小さな1ページを、刺繍で丁寧に縫いとめてみました。

シンプルなアウトライン・ステッチを繰り返して刺し埋めた毛並みは、
まるで出会った動物たちそのままに。
植物は、ステッチの流れる方向に沿って、生き生きとその姿を現します。
横に添えた小さなビーズたちは、
一粒一粒に強いかがやきと生命力が感じられます。

草花や動物たちの刺繍を楽しみながら、
みなさまに訪れる小さな出来事を
より大切に感じていただけると幸いです。

森本繭香

ANIMAL ACCESSORIES

AUTUMN

WINTER

Jumping hare
トビウサギの春

いきいきと緑が育ち始めるころ、
春の草むらを、するりとかけ抜けるトビウサギ。
アウトライン・ステッチのなめらかな毛並みは、
白いベリーの花々も心地よく香るよう。
3色の緑を使い、バランスよく刺繍して。

作り方：p.58

SPRING

白や黄色、ピンクなど春の喜びに咲き誇る草花たち。
うれしそうに飛び回るうさぎの作品と、春の象徴的な花たちを集めました。

arrangement
Pouch
巾着袋

携帯電話とお財布が
入るくらいのサイズ感です。

作り方：p.59

Rabbit in tea time
うさぎのティータイム

バゲット、クロワッサン、
チョコをのせたデニッシュ。
うさぎたちのティータイムは、
白い野花や銀葉のハーブに囲まれてのんびりと。
パンなどはサテン・ステッチ、
ポットやカップはビーズを用いて。
かたどりながら刺繍していくのも楽しい作業。
作り方：p.60

White clover
シロツメクサ

緑の葉っぱに白くて丸い花を咲かせる、
道端のシロツメクサ。この季節ならではの
元気な姿を描きとめるように刺繍して。

作り方：p.61

Rabbit enjoying Easter
うさぎのイースター

パーティーを盛り上げる、イースターの
おもてなしにはお菓子を手作り。
クッキーを焼いたり、木の実を味見したり、大忙しです。

作り方：p.63

Dandelions

タンポポ

春を象徴するタンポポは、
その可愛らしい姿と、
どんな場所でも大地に深く根付く
生命力の強さとのギャップが印象的。
是非とも実際のタンポポを摘んできて
見比べながら刺繍してほしい。

作り方：p.64

Cherry blossoms
桜

開花が遅い、北海道でも、
桜が咲くと「あぁ、やっと春がきたなぁ」と、
やっぱりほっとします。
美しい花びらたちの凛とした様子を描きとめるように。
花びらを放射状にサテン・ステッチしたら
中央に金色のグラスビーズを。

作り方：p.65

arrangement
Brooch
ブローチ

花の形をかたどってブローチに。
作り方：p.65

Got a wild strawberry
野いちご見つけた

そこいらじゅうに生い茂り、生命力あふれる
野いちごのガーデンを
うれしそうに飛び回るエゾリス。
その元気いっぱいの姿を
毛並みの1本1本まで描写して。
ビーズのいちごがこぼれ落ちそうなほど立体的です。

作り方：p.66

SUMMER

しっとり続く梅雨からさわやかなの夏の季節への変わり目には、
毎年いつもぱっと明るく心も晴れます。そんな楽しい時間をリスやマウス、草花に描きました。

arrangement
Mini bag
ミニバッグ

刺繍の生地を貼り付けて
仕立てたミニバッグに。

※参考作品。仕立て方は未掲載。

13

Ice cream parade
マウスのアイスクリームパレード

収穫したベリーを運んだら、ママからご褒美。
メロンクリーム、ベリー、チョコの
アイスクリームパフェが勢ぞろい……。
どれから食べようか、ぐるぐるとパレード！
グラスビーズで描いたパフェでときめく一品に。

作り方：p.67

Berry compact mirror
ベリーのコンパクトミラー

ブラックベリーやグズベリーなど
初夏に収穫したベリーたちを刺繍。
四角いコンパクトミラーに仕立て、
ブレードで囲うと、少し上品にも。
ジャムにして、クッキーに添えたら、
マウスが早速つまみぐい。

作り方：p.68

15

Viola
ビオラ

次々と花を咲かせる
可憐なスミレの一種ビオラ。
内側から感じる生命力を、
ちりばめたグラズビーズで表現して。
品種が豊富で、2色3色の
コンビネーションは数えきれないほど。
お好みのビオラの色で刺繍しても。

作り方：p.69

Hydrangea
紫陽花

雨の日でも、街中にこんもりと生い茂る
紫陽花たちが癒してくれる。
梅雨のない北海道でも、
毎年、雨に濡れた紫陽花の
美しさに見惚れています。

作り方：p.69

Lesson 1

Hydrangea brooch
紫陽花のブローチ

紫陽花の変化する色をブローチに。
桜のアレンジ版で
中心のグラスビーズを1つ、
サテン・ステッチで描きます。

作り方：p.44

What make with
homemade lemon curd ?

自家製レモンカードで何作ろう？

レモンにバターと卵を加えて作る、さわやかな酸味のマウス特製レモンカード。
ストックしておけば、ケーキやクッキー、アイスクリームに添える楽しみが。
大切なレモンカード、今日はどんなおやつを作って楽しもう？

作り方：p.70

arrangement
Coin purse
がま口

うっかり、つまみ食いマウスを
小さながま口に。

作り方：p.72

ANIMAL
ACCESSORIES

ペットや好きな動物たちをモチーフに。
ブローチを中心としたアクセサリーに仕立てて、
いつでも近くに。

Fluffy cat
ふわふわの猫

愛しいペットたちの手持ちの写真をもとに、
毛並みの1本1本まで
ていねいに刺繍することが、
心を癒すかけがえのない時間に。

作り方：p.74

Sleeping squirrel
compact mirror
眠るリスのコンパクトミラー

冬眠するリスの
丸くなった毛並みを刺繍して。
動物刺繍の基本、アウトライン・ステッチで
グラデーションを描くコツもご紹介しています。
しっぽのふさふさは、
たくさんのストレート・ステッチを重ねて。

作り方：p.49

Fox
キタキツネ
作り方：p.75

1. Vleugeltjesbloem.
Polygala Senega.

3. Spaar
Acer ca

Hamster and
his favorites foods
ハムスターとごはん
作り方：p.76

北海道に生息し、身近な場所で出会うことができる動物たちや、
小さなころからずっと好きだった鳥やハムスターをそれぞれの
シルエットを生かしたブローチに。ハムスターの大好物もセットで。

22

Raccoon dog
エゾタヌキ
作り方：p.75

Hamster
ハムスター
作り方：p.77

Eurasian red squirrel
エゾリス

耳先や足、しっぽなど部分的にみられる
濃いブラウンカラーが可愛らしいエゾリス。
木の実をぎゅっと
大事そうに抱え、無心に食べる姿には
身近な場所でも出会うことができます。

作り方：p.77

Rabbit and deer charm

うさぎとバンビのチャーム

森に住む小鹿と野うさぎをあしらった、
小さなアンティーク額縁のようなチャーム。
周囲をツイストコードで縁取ることで、
上品な仕上がりに。
ナチュラルな雑貨にもぴったり。

作り方：p.78

Squirrels harvesting berries

ベリーを収穫するリスたち

森にたくさんの美味しいものがあふれだす、実りの秋はもうすぐそこに。
夏の終わりのベリーを集めながら、秋の木の実を探しに行こう。

作り方：p.80

AUTUMN

夏の勢いが去り、しずかな虫の音が響く秋は、冬に備える収穫の時期。
動物たちが秋の実りを美味しそうにいただく様子をモチーフに。

arrangement Bag
バッグ

ひと針ひと針、丁寧に刺繍した布を、
宝石箱のようなトランク型のバッグに仕立てて。
絹糸で仕上げた刺繍やグラスビーズは、
まるで宝石のように輝きます。
※参考作品。仕立て方は未掲載。

Sweet grapes 美味しい葡萄

葡萄の収穫シーズンに現れたキツネ。酸っぱい葡萄ではなく、たくさんの甘い葡萄を見つけて目の輝きが隠せません。
パープルの玉虫色に光る大小ビーズをあしらって。格子状のかごのディテールなど、細かな部分も楽しんで。

作り方：p.81

Pear and grapes bag
洋梨と葡萄のバッグ

洋梨と葡萄のモチーフを
ワンポイントにしたバッグを2タイプ。
洋梨はステッチのない部分とのコントラストを
楽しみながらシルエットに沿って刺し埋め、
葡萄はサテンステッチの角度を変えて立体的に。

作り方：p.82

Rudbeckia

ルドベキア

小さなひまわりのような姿のルドベキア。
中心のおしべとめしべが印象的で、
こっくりした褐色のビーズをあしらいました。
秋にもその姿を楽しむことができる、
素朴ながら大きな生命力を感じる花です。

作り方：p.84

Autumn fruit wreath　秋の実のリース

三者三様にクッキーやベリーをほお張るうさぎと鳥、野ネズミたち。
きのこや草花と一緒に舞う、秋模様のリースを。

作り方：p.85

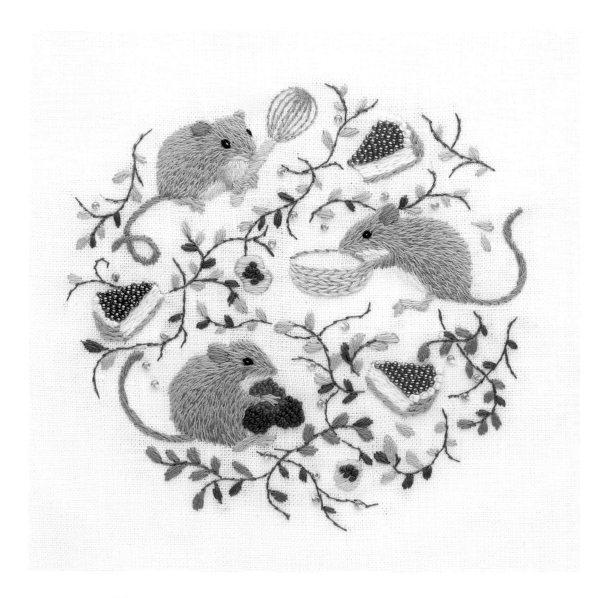

My proud berries　ご自慢のベリー

マウスたちがみつけた自慢のベリーがあれば、特別なタルトのでき上がり。3匹が手間暇かけて作る
手作りのデザートは、いつでも大人気！タルト生地の上にぎっしり詰まった、ビーズのベリーにときめきます。

作り方：p.86

Japanese rose
はまなす

そのたたずまいにしっかりとした強さを感じるはなます。
ふいに夏の終わりの浜辺に咲いている、その姿を思い出します。
花びらはステッチのグラデーションで華やかに、
存在感がある実はビーズを使って艶やかに表現しました。

作り方：p.87

Flower vase brooch
フラワーベースのブローチ

ビーズで描く陶器の質感が
面白いフラワーベース。
フレンチ・ノットやサテン・ステッチの
花を添えてブローチに仕立てて。

作り方：p.88

Rabbit-made group planting
うさぎの寄せ植えづくり

ビーズ刺繍の鉢植えに、
うさぎたちが個性ある寄せ植えを。
寒い冬に備えて、庭の植物を
室内に入れる準備を始めました。
スコップや土などの描写もリアルに。

作り方：p.89

Cat and knitting
猫と編み物

白猫と黒猫がくつろぎながら、
毛糸と遊ぶ様子をモチーフに。
リアルな猫の描写以外にも、
毛糸玉をランニング・ステッチで、
編み地をチェーン・ステッチで
リアルに表現しています。
作り方：p.90

WINTER

冬毛に替わり、寒さの厳しい季節をしっかりと生き抜く鳥や動物たち。
そしてこの時期だけの、特別に美しい木々の風景を。

Hot milk
牛とホットミルク

ミルクを両手に、ほっと暖かな
ひとときを過ごす牛さん。
鼻や目のまわりなど
表情を出す毛並みは慎重に。
ブランケットはアップリケで暖かな雰囲気を加え、
ミルクの湯気はスパンコールでリアルに。
作り方：p.91

Ermine mat

おこじょマット

草花の陰からひょこっと覗き込む、
かわいいおこじょは、
あどけない表情でスイーツ狙い。
オートミール色のリネン生地に
マットな質感のブレードをあしらい、
まとまった印象に。

作り方：p.92

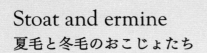

Stoat and ermine
夏毛と冬毛のおこじょたち

印象的な花のシンボルを取り囲むように戯れる、
茶色い夏毛と白い冬毛のおこじょ。
細やかな絹糸で毛並みを刺繍した参考作品です。
おこじょの無心な表情にも癒されます。

※参考作品。図案は未掲載。

Trees on a cold day
寒い日の木

幻想的な雪景色を見ることができるのは、
早起きをした冬の朝だけの一瞬の贅沢。
丁寧に刺繍した木々の枝には、繊細なビーズの粉雪が。
寒さに凛と輝く空気には、スパンコールを添えて。

作り方：p.94

Long-tailed tit Christmas　シマエナガのクリスマス

雪の妖精とも呼ばれ、ふんわり癒される表情で人気のシマエナガも北海道に生息する鳥です。
そんな可愛らしい姿を思い出しながら刺繍して、丸いシルエットに仕上げていくのも、地道で楽しい作業です。

作り方：p.95

Lesson 1 & 2
ブローチと
コンパクトミラーの
作り方

デッサンのように緻密な刺繡の作品たち。複雑なようにみえて、アウトライン・ステッチで刺し埋めたあとにストレート・ステッチで仕上げるものがほとんどです。草花の立体的な花びらや葉っぱ、動物たちの毛並みを思い描きながら仕上げていく作業は、地道ですが、ただひたすら、丁寧に手を動かすことが癒しの時間にもつながります。

ここでは、レッスン作品の「紫陽花のブローチ」と「眠るリスのコンパクトミラー」を例に、プロセス写真付きで詳しく解説します。

基本の道具

刺繡針、刺繡糸、刺繡用の布、刺繡枠、はさみ、まち針、転写用の道具（転写シートとトレースペンまたは、スマートフォンなどのバックライトで光る機器とペン）

作り方の見方

◉材料の中で記載している数字やアルファベットは、各商品の型番および色番号です。
◉図の中のSはステッチの略、数字は材料表にある刺繡糸の番号です。
◉作り方図の単位は㎝です。でき上がり寸法は、縦×横のおおよその寸法です。

Lesson 1

Hydrangea brooch
紫陽花のブローチ
作り方：p.44

Lesson 2

Sleeping squirrel
compact mirror
眠るリスのコンパクトミラー
作り方：p.49

材料

◎**布**：リネンキャンバス・生成り☆
◎**糸**：DMC25番刺繍糸 05、06、30、318、452、523、646、935、3022
◎**その他の材料**：MIYUKI 丸小ビーズ#256（パープル）、#274（パープル）、#360（ブルーグレー）、#361（グリーン）プラバン、フェルト、裏面用レザー（厚さ1mmの革シート）、各適量、ブローチピン1組
◎**その他の道具**：接着剤、ボールペン、油性ペン、目打ち、ドライバー

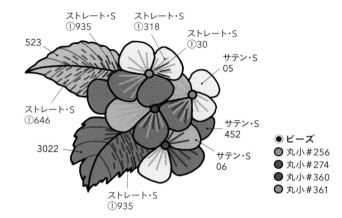

ストレート・S ①935
ストレート・S ①318
ストレート・S ①30
523
サテン・S 05
ストレート・S ①646
サテン・S 452
3022
サテン・S 06
ストレート・S ①935

◎**ビーズ**
丸小#256
丸小#274
丸小#360
丸小#361

図案を写す

転写紙で写す場合：転写紙を図案と布の間にはさみ、トレースペンで写す。

トレース台やスマホなどの端末で写す場合：トレース台を使って図案を写し取る。トレース台がない場合は、プラケースに入れたスマホやタブレット端末の白い画面（メモ画面など）でも代用できる。ペンは、あとで消すことができるペンがおすすめ。

糸を準備する

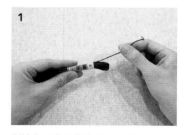

刺繍糸の束の数字が入っている側から糸端を引き出し、使いやすい長さ（40～60cmほど）を取り出して糸をカットする。

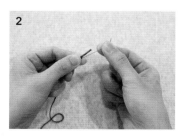

糸端から1本ずつ引き出し、使いたい本数を揃える。

刺繍糸のうねりを取るために糸の両端を引き、親指で何度かはじく。

実物大図案

糸は指定以外2本取り。○の中の数字は糸の取り本数。黒の数字の部分は指定以外アウトライン・S。青の数字の部分は、黒の数字で刺繍した部分の上から刺繍する。

◎**でき上がり寸法：5×6cm**

糸始末

1

図案を写した布を刺繍枠にはめて、刺繍する。刺しはじめは、裏側で玉結びをして刺繍する。

花びらのベースを刺繍する

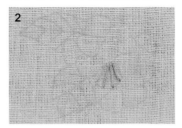

2

花びらの1枚のベース部分を、サテン・ステッチで2本取りで刺繍する（DMC25番刺繍糸452）。花びらの繊維の方向に沿って、全体を等分するように放射状に4本刺繍する。

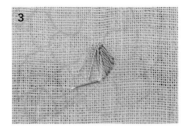

3

右端から順に、等分した**2**の間をサテン・ステッチで刺し埋めていく。

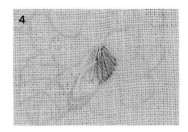

4

花びらの中心側は面積がせまいので、糸が重ならないよう、少し中心より内側に刺す。

5

中心に向かって放射状に刺繍したところ。中心に重なりすぎないように注意することで、糸がきれいに並ぶ。

6

続けて左端まで刺繍する。

糸始末

7

裏側で玉どめをして、糸端をカットする。

花びらの色を重ねる

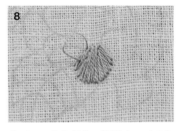

8

花びらの中央部分の陰影をつけるため、重ねて刺繍する（DMC25番刺繍糸318）。ストレート・ステッチ1本取りで放射状に刺繍する。

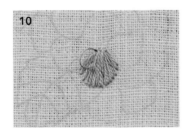

9

4カ所刺繍したところ。

10

さらに、重ねて刺繍する（DMC25番刺繍糸30）。**8**で刺繍した部分の間をストレート・ステッチ1本取りで放射状に刺繍する。

11

4カ所刺繍したところ。

花びら全てのベースを刺繍する

12

全ての花びらのベースを**2**を参考に刺繍していく（DMC25番刺繍糸452）。

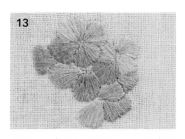

13

途中、図案のとおりにベースの色を変えながら刺繍する（DMC25番刺繍糸06と05）。全ての花びらのベースを刺繍したところ。

14

8と10を参考に、全ての花びらの重ねる色（DMC25番刺繍糸318と30）を刺繍する。

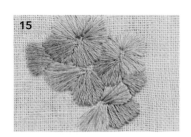

15

花びら全体を刺繍したところ。

葉っぱを刺繍する

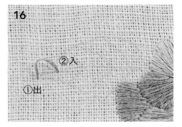

16

葉の先端部分から刺繍する。アウトライン・ステッチ2本取り（フィッシュボーン・ステッチも参照）で刺し埋めていく（DMC25番刺繍糸523）。

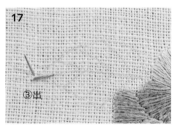

17

先端の短いストロークのところは、フィッシュボーン・ステッチのように1本で糸を渡す。16の①の右上から針を出す。

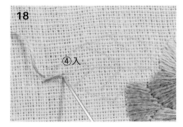

18

16の②の左下に針を入れる

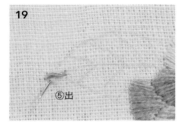

19

16の①の右下から針を出す。

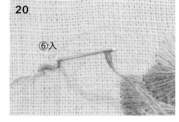

20

16の②の右上に針を入れる。

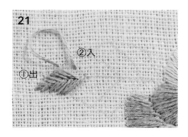

21

葉脈に沿って、葉の中心が交互になるように刺繍していく。少し長いストロークになってきたら、葉の中心までをアウトライン・ステッチで、数回に分け刺繍する。

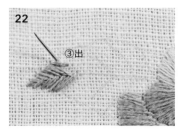

22

21の②の右上から針を出す。

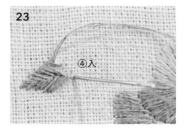

23

葉の中心に針を入れる。

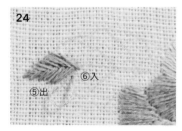

24

葉の反対側を同様に刺繍する。

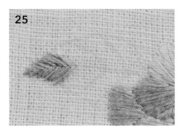

25

刺繍したところ。

26

中心まで2回で糸を渡すところ、3回で渡すところなど、ストロークの長さを見ながら刺繍していく。

27

ストレート・ステッチ1本取りで重ねて刺繍する（DMC25番刺繍糸646）。葉の下側全体に、図案を参照して刺繍する。

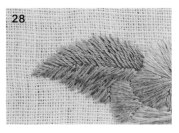

28

ベースのアウトライン・ステッチの間に針を入れるようにまんべんなく刺繍し、立体感をつける。下側のストレート・ステッチを刺繍したところ。

29

葉の上側も同様に刺繍する。

30

葉の根元のあたりをストレート・ステッチ1本取りで重ねて刺繍し、陰影をつける（DMC25番刺繍糸935）。

31

図案下側の葉っぱも同様に刺繍する（ベースの糸はDMC25番刺繍糸3022を2本取り、重ねる糸はDMC25番刺繍糸935を1本取り）。

ビーズを付ける

32

花の中心にビーズを付ける。ビーズ刺繍針にミシン糸を通し、わにして2本取りにし、玉どめを作り縫いはじめる。一度返し縫いをする。

33

花ごとの指定のビーズを付ける。

34

全てのビーズを付けたところ。

図案の仕上げ

35

刺繍のふちからはみ出している図案の線を、水を含ませた端切れで軽くこすって消す。布が毛羽立たないように気をつけながら作業する。

36

ビーズがついているので、たたんだタオルの上に生地をのせ、裏側からアイロンをかけて、刺繍を整える。

ブローチの仕立て方

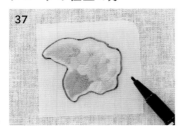

37

図案の上にプラバンを重ね、油性ペンで図案の周囲3mmくらい外側をなぞり、プラバンを線でカットしておく。

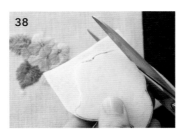

38

フェルトにプラバンをボンドで貼り付け、同じ大きさにカットする。

39

刺繍した部分の周囲を7mmほどののりしろとして残してカットし、裏面に**38**を重ね、周囲に接着剤を付ける。

40

のりしろ部分を**39**のプラバンの裏側に貼り合わせる。指の先で少しずつ内側に折り込むようにして、表面がしわにならないよう、カーブに沿わせながら貼る。

41

カーブの強い部分は、はさみの先で切り込みを3mmほど入れる。

42

生地の余った部分はカットして、厚みをなくす。

43

土台になる革シートに**42**を重ねて周囲をボールペンでなぞる。

44

線の通りにカットした革シートと、作品の裏面に接着剤を付ける。

ブローチピンを付ける

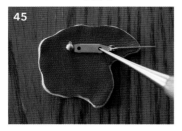

45

ブローチを作品裏側の中央よりやや上方に置き、位置を決めてネジ穴部分に目打ちで穴を開ける。

46

ドライバーでネジを締め、ブローチピンを取り付ける。

47

完成。周囲には3mmほどの生地部分がふち取りとして出る。

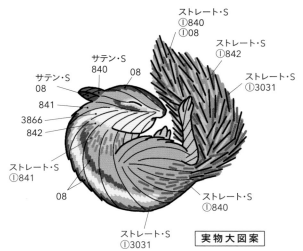

ストレート・S
①840
①08

ストレート・S
①842

ストレート・S
①3031

サテン・S
840　08

サテン・S
08

841

3866

842

ストレート・S
①841

08

ストレート・S
①840

ストレート・S
①3031

①3866

ストレート・S
①310

ストレート・S
①08

①842

①08

3866

ストレート・S
①3861

サテン・S
842

材料

● 布：リネンキャンバス・生成り☆
● 糸：DMC25番刺繍糸　08、310、840、
841、842、3031、3861、3866
● その他の材料：コンパクトミラーキット（直径7㎝）☆
● その他の道具：接着剤

実物大図案

糸は指定以外2本取り。○の中の数字は糸の取り本数。黒の数字の部分は指定以外アウトライン・S。青の数字の部分は、黒の数字で刺繍した部分の上から刺繍する。

● でき上がり寸法：直径7㎝

本体を刺繍する

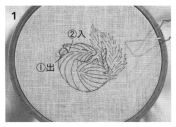

②入
①出

図案を写した布を刺繍枠にはめて、刺繍する。刺しはじめは、裏側で小さく返し縫いをしてはじめる。リスの顔の頬のベース部分を、アウトライン・ステッチで刺繍する（DMC25番刺繍糸3866を2本取り。

顔部分のベースを刺繍する

③出

写した毛並みの線の方向に沿って、刺繍する。1針3㎜くらいのステッチですすめる。①と②のまん中より少し右寄りの位置から針を出す。

④入

1のストロークと同じくらいの長さで針を入れる。短くならないよう、ある程度の長さを保って（ここでは3㎜くらい）刺繍することで、毛並みが綺麗に仕上がる。

同様にして、毛並みの線の方向に沿って、アウトライン・ステッチで刺繍する。

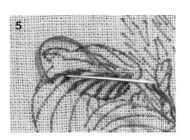

4で刺繍した部分の間をアウトライン・ステッチで刺し埋めていく。

線がぶつかる部分は、できるだけ糸が重ならないようにストロークを少し長くして加減する。

※写真では、わかりやすいように糸の色を変えています。

間を刺し埋めるときも、3mmくらいのストロークを保ちながら刺繍する。

すき間が開かないように毛並みを作っていく。

鼻先のマズルの部分までしっかり刺し埋める。

※ここからは、実際の色で刺繍しています。

マズルを刺繍したところ。口元が表情になるので、口と顎の段差がつくように刺繍する。

頭の部分のベースを刺繍する

鼻先から目の周囲をふち取るように、図案を参照して消えるペン（ここでは赤）などで印をつけておき、頭の中央部分から印のきわまでを、写した毛並みの線の方向に沿ってアウトライン・ステッチ2本取りで刺繍する（DMC25番刺繍糸841）。

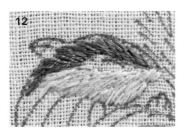

11で刺繍した部分の間をアウトライン・ステッチで刺し埋めていく。

耳から頭頂部を刺繍する

耳を、耳の穴の上下に分けてサテン・ステッチ2本取りで刺繍する（DMC25番刺繍糸840と08）。

耳の下側を刺繍したら、そのまま同じ糸（DMC25番刺繍糸08）でアウトライン・ステッチで頭頂部を刺繍する。

顔まわりを刺繍する

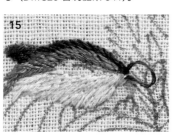

鼻先の部分に渡す糸は、1本取りに変えて、ストレート・ステッチで刺繍する。

目の下側はアウトライン・ステッチ1本取りで刺繍する（DMC25番刺繍糸08）。

目のまわりをアウトライン・ステッチ1本取りで刺繍する（DMC25番刺繍糸842）。

さらに内側の白い部分をアウトライン・ステッチ1本取りで刺繍する（DMC25番刺繍糸3866）。

胸周りを刺繍する

19

毛の境目は自然に見えるように、上からストレート・ステッチ1本どりで刺繍する（DMC25番刺繍糸841）。

20

目と口は、ストレート・ステッチ1本取りで刺繍する（DMC25番刺繍糸310と3861）。

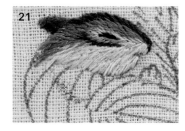

21

図案を見ながら、胸まわりの毛色の変わる部分に図案を参照して印をつける。

22

首から印までをアウトライン・ステッチ2本取りで刺繍する（DMC25番刺繍糸842）。

胴体を刺繍する

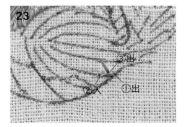

23

背中の模様のきわまでを、図案を参照して印をつける。ここでは刺し埋める範囲が広いため、オルタネイティング・ステム・ステッチ2本取りで刺繍を進めるが、アウトライン・ステッチで刺し埋めることも可能（DMC25番刺繍糸841）。

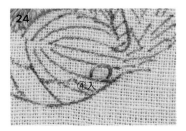

24

写した毛並みの線の方向に沿って刺繍する。ここまでは、アウトライン・ステッチと同様。

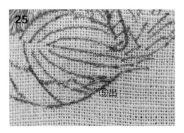

25

⑤で針を出すときに、**23**の②のすぐ横から出し、糸が積まれたレンガのように交互に並ぶように刺繍する。

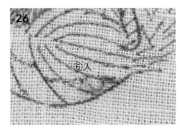

26

糸のストロークはここでも3mmくらいをキープするときれいに仕上がる。

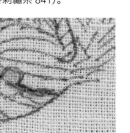

27

写した線の先まで交互に刺繍する。

28

背中の模様のきわまでの足の部分を刺繍したところ。

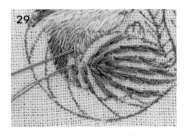

29

胸まわりのきわにあたる部分は、なるべく毛並みが馴染むよう、少し重なるように刺繍する。

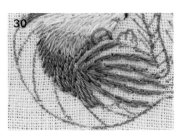

30

足の外側はアウトライン・ステッチで刺繍する。

背中の模様を刺繍する

31 小さなすき間ができてしまった部分は、ストレート・ステッチで刺し埋めておく。

32 31までで刺繍した胴体部分に沿うように、模様をアウトライン・ステッチ2本取りで刺繍する（DMC25番刺繍糸08）。はじめは、模様部分の毛並みに沿うようにいくつかの線を刺繍する。

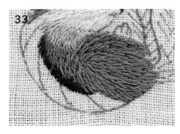

33 32の間を差し埋めるように刺繍する。

34 32と同様に大まかに縞模様を刺繍する（DMC25番刺繍糸841）。

35 34の間を差し埋めるように刺繍する。

36 縞模様のすき間を埋めるように刺繍する（DMC25番刺繍糸3866）。

37 背中の輪郭を刺繍する（DMC25番刺繍糸08）。

38 胸まわりの毛と胴体の境目付近を、ストレート・ステッチ1本取りで毛並みが馴染むように刺繍する（DMC25番刺繍糸841）。

39 馴染むように刺繍したところ。

40 お尻の部分の陰影をつけるようにストレート・ステッチで1本取りで刺繍する（DMC25番刺繍糸840）。

41 毛並みで気になる部分があれば、ストレート・ステッチで1本取りで整えるように刺繍する（DMC25番刺繍糸841）。

尻尾を刺繍する

42 ストレート・ステッチ2本どりで尻尾を刺繍する（DMC25番刺繍糸840と08の各1本どり）。はじめに大まかに毛並み全体を刺繍する。

続けて、**42** のすき間を埋めるように毛並みに沿ってストレート・ステッチで刺繍する。

全体を刺し埋めたところ。

ハイライトになる色をストレート・ステッチ1本取りで刺繍する（DMC25 番刺繍糸 842）。

陰影になる色をストレート・ステッチ1本取りで刺繍して毛並みに立体感を出す（DMC25 番刺繍糸 3031）。

尻尾全体を刺繍したところ。

背中にも陰影になる色をストレート・ステッチ1本取りで刺繍する（DMC25 番刺繍糸 3031）。

後ろ足と前足をサテン・ステッチ2本取りで刺繍する（DMC25 番刺繍糸 842）。

刺繍部分の完成。

完成

コンパクトミラーのキットに付属する正円のプレートに刺繍布の中心を合わせ、プレートの周囲より 7mm 大きくカットする。刺繍布の周囲 3mmくらいのところをぐし縫いする。

刺繍部分が表になるようにプレートをはめて、ぐし縫いを絞って玉どめし、糸端をカットする。

コンパクトミラー本体の、上部のプレートが密着する部分に接着剤を付ける。

52 と **53** を貼り合わせる。

この本で使用している
ステッチの種類

本書では以下のステッチを使用しています。基本は、アウトライン・ステッチやサテン・ステッチで刺繍しています。広い面積のアウトライン・ステッチの部分は、オルタイネイティング・ステム・ステッチを使用すると（p.51 Lesson2 **23** ～ **31** を参照）、効率的に刺繍できます。

Outline stitch　アウトライン・ステッチ

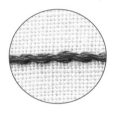

1.
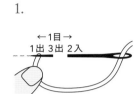
←1目→
1出 3出　2入

2.
3出
5出 4入

〈裏〉
裏面はこのような針目になる

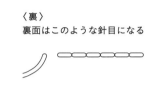

3.
←1目→
1出
3出 2入

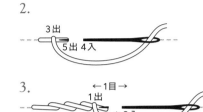

Straight stitch　ストレート・ステッチ

1.
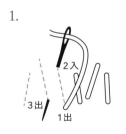
2入
3出
1出

2.
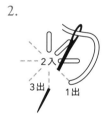
2入
3出　1出

Satin stitch　サテン・ステッチ

1.
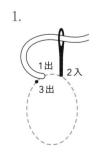
1出
2入
3出

2.

3出　4入

3.
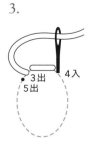
3出　4入
5出

4.

Alternatingh stem stitch
オルタネイティング・ステム・ステッチ

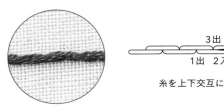

糸を上下交互に

Split stitch
スプリット・ステッチ

糸を割りながら刺す方法

Running stitch　ランニング・ステッチ

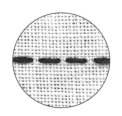

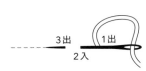

※並縫いと同じ要領

Chain stitch　チェーン・ステッチ

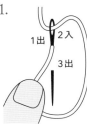

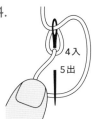

Fly　フライ・ステッチ

1.

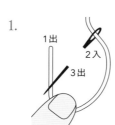

1出　2入　3出

2.

3.

4入　図案に合わせて長さを変える

Long and short stitch　ロング＆ショート・ステッチ

1.

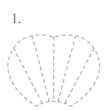

2.

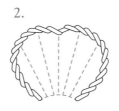

3.

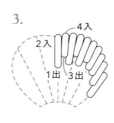

4入　2入　1出　3出

4.

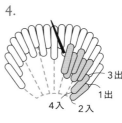

3出　1出　4入　2入

5.

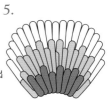

Fishbone stitch　フィッシュボーン・ステッチ

1.

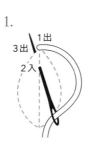

3出　1出　2入

2.

3出　5出　4入

3.

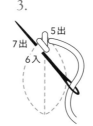

7出　5出　6入

4.

French knot フレンチ・ノット

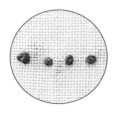

1.

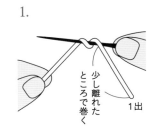

少し離れたところで巻く

1出

2.

2に刺してから左手の糸を引くとノットが1に近づく

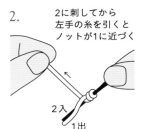

2入

1出

3.

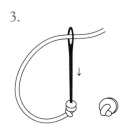

※二回巻き

Lazy daisy stitch レイジー・デイジー・ステッチ

1.

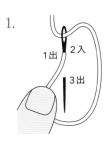

1出　2入

3出

2.

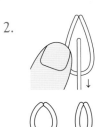

2で糸を強く引くと細い形になる

3.

4入

ダブル・レイジー・デイジー・ステッチ

Bead embroidery ビーズ刺繍の方法

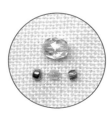

〈刺しはじめ〉

ビーズは重みがあるので、玉結びをしてから縫いはじめる。小さな返し縫いをしながら縫い付けていく。大きめのビーズなどは、二度縫いしてしっかり付ける。

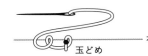

玉どめ　布

〈返し縫いでとめる〉

布

〈しっかり付ける場合〉

布

〈刺し終わり〉

布の裏側で玉どめし、裏側に渡った糸に数針からげる。

〈裏〉

玉どめ

Jumping hare　トビウサギの春　/ Photo : p.04

arrangement Pouch　巾着袋　/ Photo : p.05

材料

〈p.04 サンプラー〉
●布: リネンキャンバス・生成り☆
●糸: DMC25番刺繍糸　01、03、310、415、500、501、523、543、834、840、841、842、3866

〈巾着袋〉
●布: 越前屋クラッシー麻・濃グリーン（#304）、コットンツイル・サンドベージュ☆
●糸: DMC25番刺繍糸　02、03、05、07、168、452、934、3362、3364、3371
●その他: MIYUKI 丸小ビーズ #274（紫）、ツイストコード 3mm幅 50cm×2本☆、ループエンド×2個☆

実物大図案

糸は指定以外 2 本取り。○の中の数字は糸の取り本数。黒の数字の部分は指定以外アウトライン・S。青の数字の部分は、黒の数字で刺繍した部分の上から刺繍する。（ ）内は巾着袋の袋の糸番号。

●でき上がり寸法：約 21 × 20cm

〈カーブの実物大型紙〉
※縫い代なし

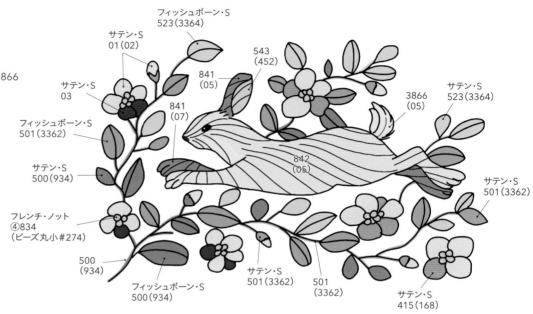

フィッシュボーン・S 523（3364）
サテン・S 01（02）
543（452）
サテン・S 03
841（05）
841（07）
サテン・S 523（3364）
フィッシュボーン・S 501（3362）
3866（05）
サテン・S 500（934）
842（05）
サテン・S 501（3362）
フレンチ・ノット ④834（ビーズ丸小#274）
500（934）
サテン・S 501（3362）
501（3362）
フィッシュボーン・S 500（934）
サテン・S 501（3362）
サテン・S 415（168）

サテン・S ①310（①3371）
ストレート・S 3866（05）
ストレート・S ①840（①07）
3866（05）

〈寸法図〉

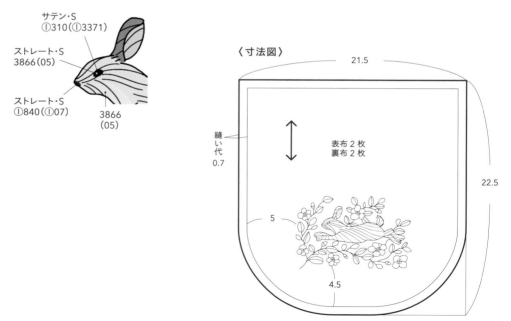

21.5
22.5
縫い代 0.7
表布 2 枚 裏布 2 枚
5
4.5

58

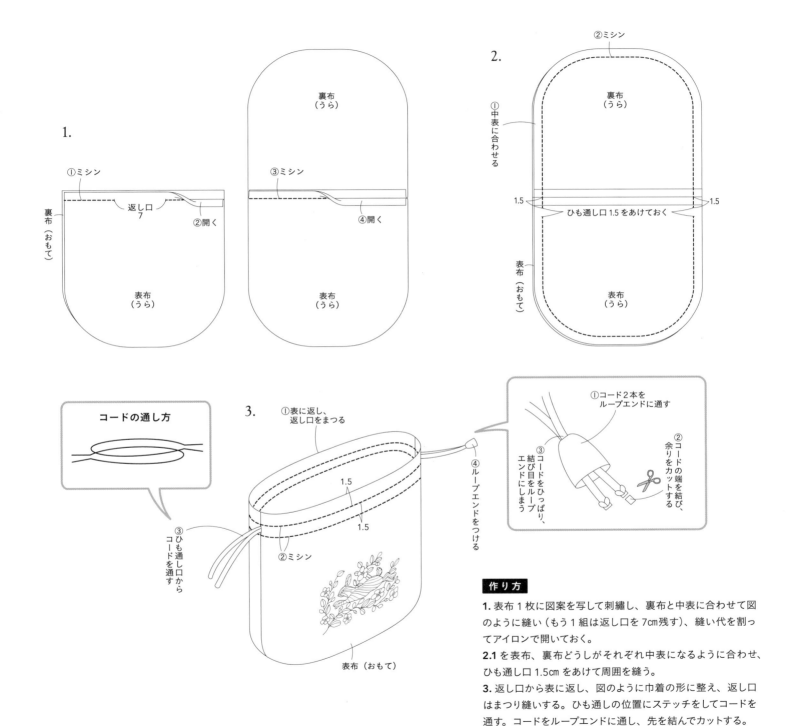

1.

①ミシン

返し口
7

②開く

裏布（おもて）

表布（うら）

③ミシン

④開く

裏布（うら）

表布（うら）

2.

②ミシン

①中表に合わせる

裏布（うら）

1.5

ひも通し口 1.5 をあけておく

1.5

表布（おもて）

表布（うら）

コードの通し方

3.

①表に返し、返し口をまつる

1.5

1.5

②ミシン

③ひも通し口からコードを通す

④ループエンドをつける

①コード2本をループエンドに通す

③コードをひっぱり、結び目をループエンドにしまう

②コードの端を結び、余りをカットする

表布（おもて）

作り方

1. 表布1枚に図案を写して刺繡し、裏布と中表に合わせて図のように縫い（もう1組は返し口を7cm残す）、縫い代を割ってアイロンで開いておく。

2. 1を表布、裏布どうしがそれぞれ中表になるように合わせ、ひも通し口1.5cmをあけて周囲を縫う。

3. 返し口から表に返し、図のように巾着の形に整え、返し口はまつり縫いする。ひも通しの位置にステッチをしてコードを通す。コードをループエンドに通し、先を結んでカットする。

Rabbit in tea time うさぎのティータイム / Photo : p.06

材料

● 布：コスモ麻クラッシー・ブルーグレー（#31）
● 糸：DMC25 番刺繍糸　04、310、422、436、648、841、842、3022、3033、3768、3781、3782
● その他：MIYUKI デリカビーズ DBS322（メタリックブラウン）、DBS351（マットホワイト）、DB52（乳白）DB84（ブルーグリーン）、DBS222（乳白）、MIYUKI ドロップビーズ #DP528（白）、MIYUKI 丸小ビーズ #360（ブルーグレー）、#361（グリーン）

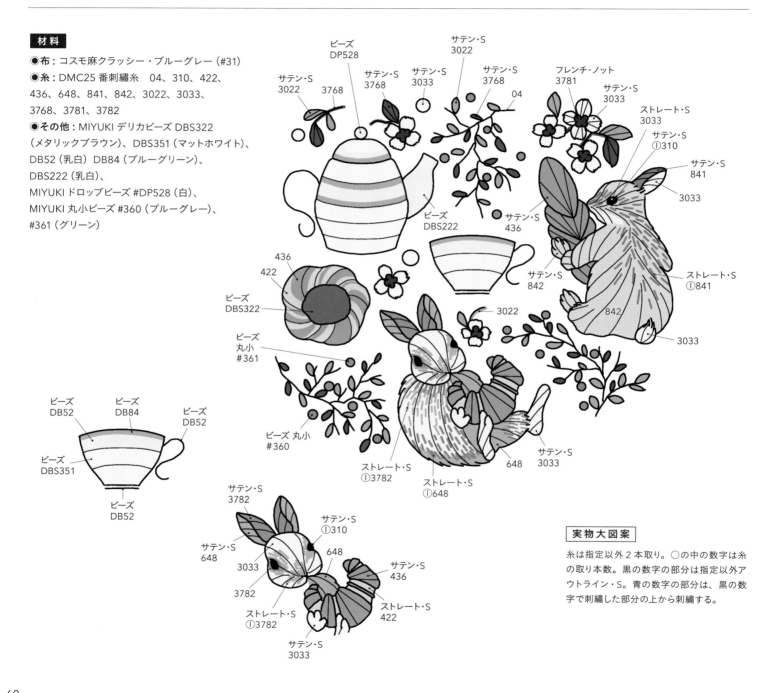

サテン・S 3022
ビーズ DP528
サテン・S 3768
サテン・S 3022
3768
サテン・S 3033
サテン・S 3768
04
フレンチ・ノット 3781
サテン・S 3033
ストレート・S 3033
サテン・S ①310
3033
サテン・S 841
3033
ビーズ DBS222
サテン・S 436
サテン・S 842
ストレート・S ①841
842
3033

436
422
ビーズ DBS322
ビーズ 丸小 #361
3022
ビーズ DB52
ビーズ DB84
ビーズ DB52
ビーズ DBS351
ビーズ DB52
ビーズ 丸小 #360
ストレート・S ①3782
ストレート・S ①648
648
サテン・S 3033

サテン・S 3782
サテン・S ①310
サテン・S 648
648
3033
サテン・S 436
3782
ストレート・S ①3782
サテン・S 3033
ストレート・S 422

実物大図案

糸は指定以外 2 本取り。○の中の数字は糸の取り本数。黒の数字の部分は指定以外アウトライン・S。青の数字の部分は、黒の数字で刺繍した部分の上から刺繍する。

White clover シロツメクサ / Photo：p.07

材料

〈額〉
- ●布：リネンキャンバス・生成り☆
- ●糸：DMC25番刺繍糸　451、524、640、647、3022、3866

〈巾着袋〉
- ●布：リネンキャンバス・薄グリーン☆、コットンツイル・サンドベージュ☆
- ●糸：DMC25番刺繍糸　3362、3363、3866
- ●その他：MIYUKI丸小ビーズ#256（パープル）、#2033（緑系マルチカラー）
- 本革ひも　1.5mm幅　40cm×2本

実物大図案

糸は指定以外2本取り。○の中の数字は糸の取り本数。黒の数字の部分は指定以外アウトライン・S。青の数字の部分は、黒の数字で刺繍した部分の上から刺繍する。

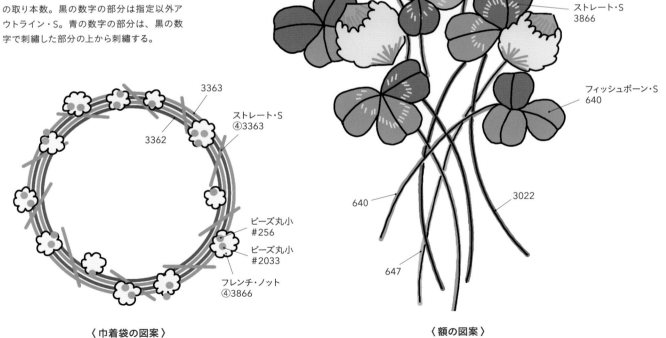

〈巾着袋の図案〉

3363

ストレート・S
④3363

3362

ビーズ丸小
#256

ビーズ丸小
#2033

フレンチ・ノット
④3866

〈額の図案〉

レイジー・デイジー・S
3866

サテン・S
524

ストレート・S
①451

フィッシュボーン・S
647

フィッシュボーン・S
3022

ストレート・S
3866

フィッシュボーン・S
640

640

3022

647

作り方

1. 表布に図案を写して刺繍し、裏布と中表に合わせて上下を縫い、縫い代を割ってアイロンで開いておく。

2. 1で開いた縫い代が重なるように中表で合わせ、返し口5㎝1カ所と、ひも通し口1.2㎝2カ所を残して両端を縫う。

3. 返し口から表に返し、図のように巾着の形に整え、ひも通しの位置にステッチをしてひもを通す。返し口はまつり縫いする

●でき上がり寸法：約15×13.5㎝

〈寸法図〉

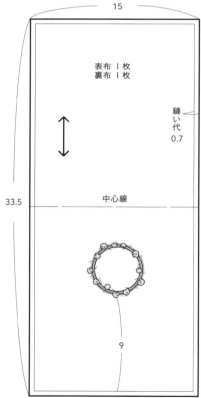

15

表布 1枚
裏布 1枚

縫い代 0.7

33.5

中心線

9

1.

0.7　②開く

①縫う

表布（うら）

裏布（おもて）

①縫う

0.7

②開く

2.

①折る

②ミシン　0.7　0.7　②ミシン

②ミシン

表布（うら）

ひも通し口1.2をあけておく

縫い線を合わせる

2

裏布（うら）

返し口5縫い残す

①折る

3.

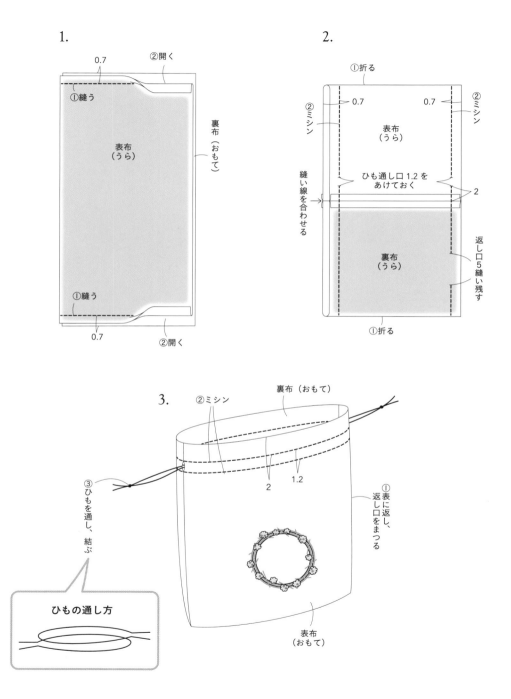

②ミシン

裏布（おもて）

③ひもを通し、結ぶ

2　1.2

①表に返し、返し口をまつる

表布（おもて）

ひもの通し方

Rabbit enjoying Easter　うさぎのイースター　/　Photo：p.08

材料

●布：コスモ麻クラッシー・ブルーグレー（#31）

●糸：DMC25番刺繍糸　02、03、04、06、07、08、422、452、500、972、3045、3051、3364、3371、3782、ECRU

●その他：MIYUKI 丸小ビーズ #336（赤）、#2035（カッパー系マルチカラー）、#250（透明）、MIYUKI 丸大ビーズ #313（ワインレッド）、#363（赤）、MIYUKI 丸特小ビーズ #250（透明）、MIYUKI 3カットビーズ #457（メタリックブラウン）

実物大図案

糸は指定以外2本取り。○の中の数字は糸の取り本数。黒の数字の部分は指定以外アウトライン・S。青の数字の部分は、黒の数字で刺繍した部分の上から刺繍する。

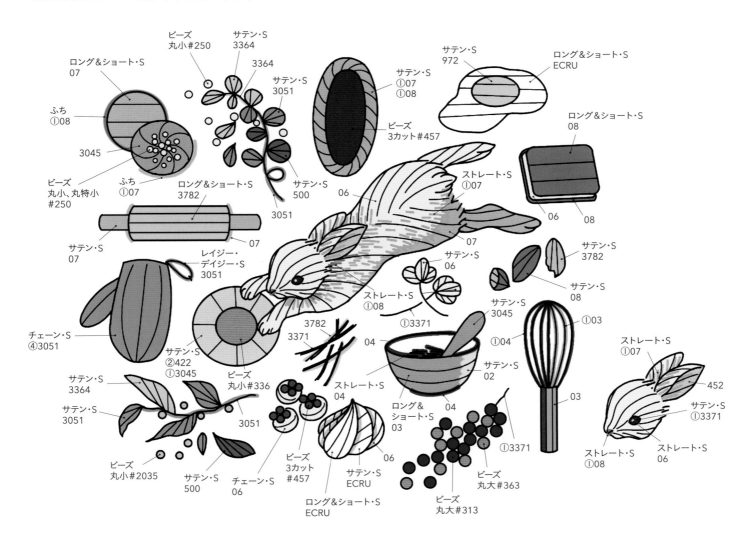

63

Dandelions タンポポ / Photo：p.09

材料

- ◉布：リネンキャンバス・薄グリーン☆
- ◉糸：DMC25 番刺繍糸　500、520、522、728、841、842
- ◉その他：MIYUKI 3 カットビーズ #131（透明）

実物大図案

糸は指定以外 2 本取り。○の中の数字は糸の取り本数。黒の数字の部分は指定以外アウトライン・S。青の数字の部分は、黒の数字で刺繍した部分の上から刺繍する。

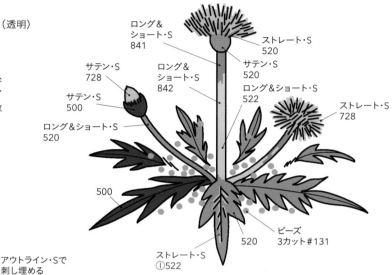

ロング＆ショート・S
841

ストレート・S
520

サテン・S
728

ロング＆ショート・S
842

サテン・S
520

サテン・S
500

ロング＆ショート・S
522

ロング＆ショート・S
520

ストレート・S
728

500

ストレート・S
①522

520

ビーズ
3カット #131

〈リーフ部分のステッチ方法〉

アウトライン・Sで
刺し埋める

フィッシュボーン・S

Cherry blossoms 桜 / Photo : p.10 ┊ arrangement Brooch ブローチ / Photo : p.11

材料

〈p.10 **サンプラー**〉

●**布**：コスモ麻クラッシー・アイボリー
（# 21）

●**糸**：DMC25 番刺繍糸　04、223、224、
453、520、543、3031、3347、3371

●**その他**：MIYUKI 丸特小ビーズ #1053（182）（金）、
#250（透明）、スパンコール 6mm #4（透明オレンジ）☆、
4mm #12（透明オーロラ）☆

〈**ブローチ**〉

●**布**：リネンキャンバス・生成り☆

●**糸**：DMC25番刺繍糸　04、223、224、453、
520、543、3031、3347、3371

●**その他**：MIYUKI 丸特小ビーズ #1053（182）（金）

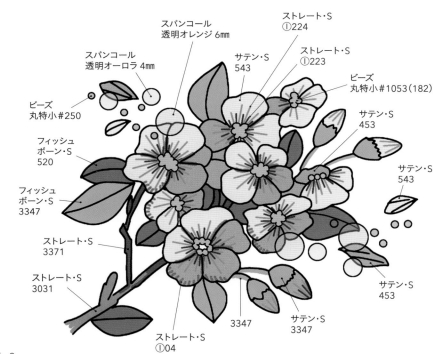

スパンコール
透明オレンジ 6mm

ストレート・S
①224

スパンコール
透明オーロラ 4mm

サテン・S
543

ストレート・S
①223

ビーズ
丸特小 #250

ビーズ
丸特小 #1053（182）

フィッシュ
ボーン・S
520

サテン・S
453

フィッシュ
ボーン・S
3347

サテン・S
543

ストレート・S
3371

ストレート・S
3031

サテン・S
453

ストレート・S
①04

3347

サテン・S
3347

〈 サンプラーの図案 〉

実物大図案

糸は指定以外 2 本取り。○の中の数字は糸
の取り本数。黒の数字の部分は指定以外ア
ウトライン・S。青の数字の部分は、黒の数
字で刺繍した部分の上から刺繍する。

ストレート・S
①224

ストレート・S
①223

サテン・S
453

ビーズ
丸特小 #1053（182）

サテン・S
543

ストレート・S
3371

サテン・S
3347

ストレート・S
3031

サテン・S
3347

3347

フィッシュボーン・S
3347

フィッシュボーン・S
520

ストレート・S
①04

〈 ブローチの図案 〉

作り方

p.44 の Lesson1 を参照して
ブローチに仕上げる。

●でき上がり寸法：5 × 7.5㎝

65

Got a wild strawberry 野いちご見つけた / Photo：p.12

材料

〈p.12 **サンプラー**〉
●布：リネンキャンバス・生成り☆
●糸：DMC25 番刺繍糸　07、08、310、648、935、3033、3363、3364
●その他：MIYUKI 丸小ビーズ #265（ライトピンク）、#313（ワインレッド）、#336（赤）、#355（ピンク）

〈ミニバッグの図案〉
●布：リネンキャンバス・薄グリーン☆
●糸：DMC25 番刺繍糸　08、310、371、451、645、646、840、3033
●その他：MIYUKI 丸小ビーズ #363（赤）、#313（ワインレッド）、#336（赤）、トーホービーズ #784（ピンク）

実物大図案

糸は指定以外 2 本取り。○の中の数字は糸の取り本数。黒の数字の部分は指定以外アウトライン・S。青の数字の部分は、黒の数字で刺繍した部分の上から刺繍する。（　）内はミニバッグの糸番号。

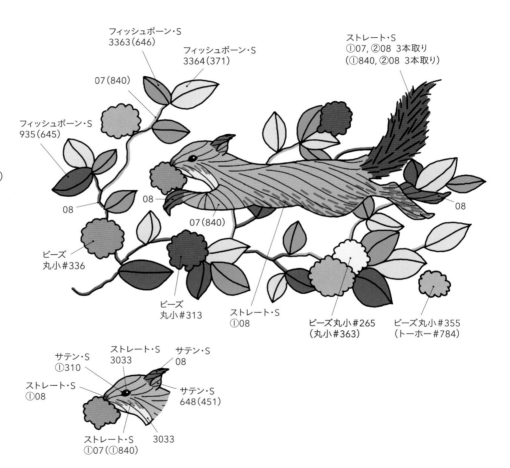

フィッシュボーン・S
3363（646）

フィッシュボーン・S
3364（371）

07（840）

ストレート・S
①07、②08　3本取り
（①840、②08　3本取り）

フィッシュボーン・S
935（645）

08

08

07（840）

08

ビーズ
丸小 #336

ビーズ
丸小 #313

ストレート・S
①08

ビーズ丸小 #265
（丸小 #363）

ビーズ丸小 #355
（トーホー #784）

サテン・S
①310

ストレート・S
3033

サテン・S
08

ストレート・S
①08

サテン・S
648（451）

3033

ストレート・S
①07（①840）

66

Ice cream parade　マウスのアイスクリームパレード　/ Photo : p.14

材料

◉**布**：リネンキャンバス・生成り☆
◉**糸**：DMC25 番刺繍糸　02、04、06、07、08、152、223、415、422、451、452、523、646、
647、676、841、842、935、3022、3033、3051、3052、3371、3790、3830、3864、3865、3866
◉**その他**：MIYUKI 3 カットビーズ #133（ベージュ）、#161（ベージュ）、#250（透明）、#256（パープル）、
#457（メタリックブラウン）、MIYUKI デリカビーズ DB110（ライトブルー）、DB111（ダークグレー）、
DB271（透明）、DB51（透明）、MIYUKI 丸小ビーズ #2033（緑系マルチカラー）、#250（透明）、
#256（パープル）、#313（ワインレッド）、#336（赤）、#341（グリーン）、#363（赤）

ストレート・S
①451
ストレート・S
3866
サテン・S
02
サテン・S
①3371
04
452
3864
ストレート・S
①452
サテン・S
415
06
ストレート・S
①452
サテン・S
3864
ストレート・S
①451
サテン・S
3864
サテン・S
452
3866
ストレート・S
①06
ストレート・S
①04
サテン・S
451
サテン・S
3864

フィッシュボーン・S
647
サテン・S
①3866, ①06
2本取り
フレンチ・ノット
④07
ビーズ
丸小 #250
サテン・S
647
サテン・S
3051
フィッシュボーン・S
3051
サテン・S
3022
フィッシュボーン・S
3051
バスケット・S
④422
3866
3865
3033
フィッシュボーン・S
647
152
フィッシュボーン・S
3022
④422
3051
223
ビーズ
丸小 #363
ビーズ
3カット #256
ビーズ
丸小 #313
ビーズ
3カット #250
ビーズ
丸小 #2033
ビーズ
DB51
ビーズ
丸小 #341
ビーズ
DB111
サテン・S
676
ビーズ
丸小 #256
ビーズ
DB110
ビーズ
丸小 #363
ビーズ
DB271
ビーズ
丸小 #336
ビーズ
DB51
ビーズ
DB111

841
08
3790
ビーズ
丸小 #2033
①08
フィッシュボーン・S
3051
フィッシュボーン・S
3052
サテン・S
842
サテン・S
3830
フィッシュボーン・S
935
3051
フィッシュボーン・S
3051
ビーズ
3カット #457
ビーズ
DB271
523
ビーズ
丸小 #256
ビーズ
3カット #133
ビーズ
DB111
646
ビーズ
丸小 #336
ビーズ
丸小 #363
ビーズ
3カット #161
ビーズ
DB271
ビーズ
DB51
646
ストレート・S
08

実物大図案

糸は指定以外 2 本取り。○の中の数
字は糸の取り本数。黒の数字の部分
は指定以外アウトライン・S。青の数
字の部分は、黒の数字で刺繍した部
分の上から刺繍する。

Berry compact mirror ベリーのコンパクトミラー / Photo：p.15

材料

〈ベリー（マウス）〉
●布：リネンキャンバス・生成り☆
●糸：DMC25番刺繍糸　310、451、452、453、
543、738、842、935、3045、3860、3864
●その他：MIYUKI 丸小ビーズ #313（ワインレッド）、
#336（赤）、#451（メタリックグレー）、
コンパクトミラーキット（7㎝）☆　接着剤

〈ベリー〉
●布：リネンシャンブレー・グレー
●糸：DMC25番刺繍糸　21、500、
842、3362、3363、3364
●その他：MIYUKI 丸小ビーズ #250（透明）、
#313（ワインレッド）、#336（赤）、
#455（青系玉虫）、
MIYUKI 丸大ビーズ #250（透明）、
MIYUKI 3カットビーズ #457
（メタリックブラウン）、
MIYUKI ファイアポリッシュ
4mm K2051/17（クリスタルAB）、
3mm K2050/17（クリスタルAB）
コンパクトミラーキット（6×12㎝）☆　接着剤

作り方

p.53のLesson2を参照してコンパクトミラーに仕上げる。

実物大図案

糸は指定以外2本取り。○の中の数字は糸の取り本数。黒の数字の部分は指定以外アウトライン・S。青の数字の部分は、黒の数字で刺繍した部分の上から刺繍する。

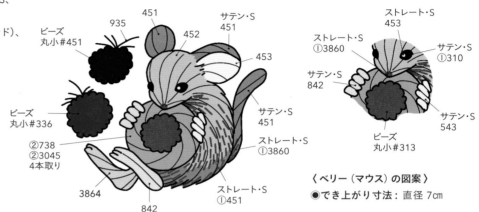

〈ベリー（マウス）の図案〉
●でき上がり寸法：直径 7㎝

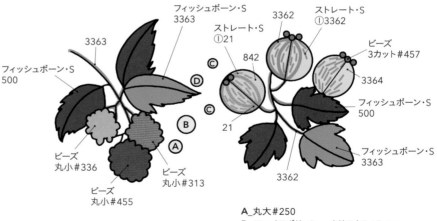

〈ベリーの図案〉
●でき上がり寸法：6×12㎝

A_丸大#250
B_ファイアポリッシュ　クリスタルAB 4mm
C_丸小#250
D_ファイアポリッシュ　クリスタルAB 3mm

Viola　ビオラ　/ Photo：p.16

Hydrangea　紫陽花　/ Photo：p.17

材料

〈ビオラ〉
◉布：リネンキャンバス・ダークブラウン☆
◉糸：DMC25 番刺繍糸　29、32、
500、502、520、522、3045、
3046、3047、3799
◉その他：MIYUKI 丸小ビーズ #1053 (182)（金）、
MIYUKI 3 カットビーズ #249（ブルーグレー）

〈紫陽花〉
◉布：コスモ麻クラッシー・アイボリー（# 21）
◉糸：DMC25 番刺繍糸　01、02、03、30、
523、646、935、3022、3861
◉その他：MIYUKI 丸小ビーズ #256（パープル）、
#274（パープル）、#360（ブルーグレー）、
#361（グリーン）

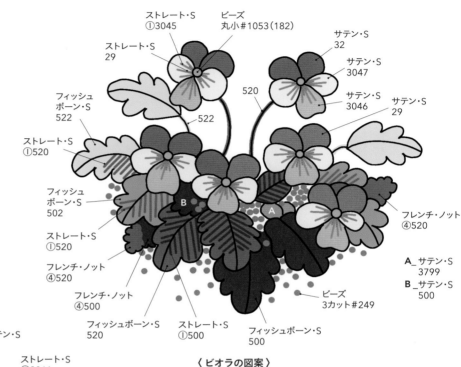

ストレート・S
①3045

ビーズ
丸小 #1053 (182)

サテン・S
32

ストレート・S
29

サテン・S
3047

520

サテン・S
3046

サテン・S
29

フィッシュ
ボーン・S
522

522

ストレート・S
①520

フィッシュ
ボーン・S
502

B

A

フレンチ・ノット
④520

ストレート・S
①520

フレンチ・ノット
④520

A_ サテン・S
3799
B_ サテン・S
500

ビーズ
3カット #249

フレンチ・ノット
④500

フィッシュボーン・S
520

ストレート・S
①500

フィッシュボーン・S
500

〈ビオラの図案〉

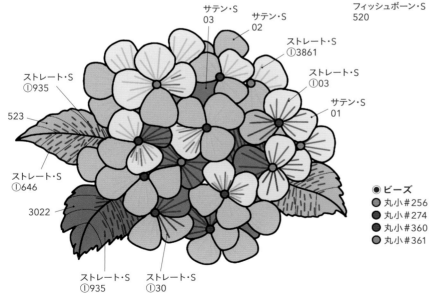

サテン・S
03

サテン・S
02

ストレート・S
①3861

ストレート・S
①935

ストレート・S
①03

サテン・S
01

523

ストレート・S
①646

3022

●ビーズ
● 丸小 #256
● 丸小 #274
● 丸小 #360
● 丸小 #361

ストレート・S
①935

ストレート・S
①30

〈紫陽花の図案〉

実物大図案

糸は指定以外 2 本取り。○の中の数字は糸
の取り本数。黒の数字の部分は指定以外アウ
トライン・S。青の数字の部分は、黒の数
字で刺繍した部分の上から刺繍する。

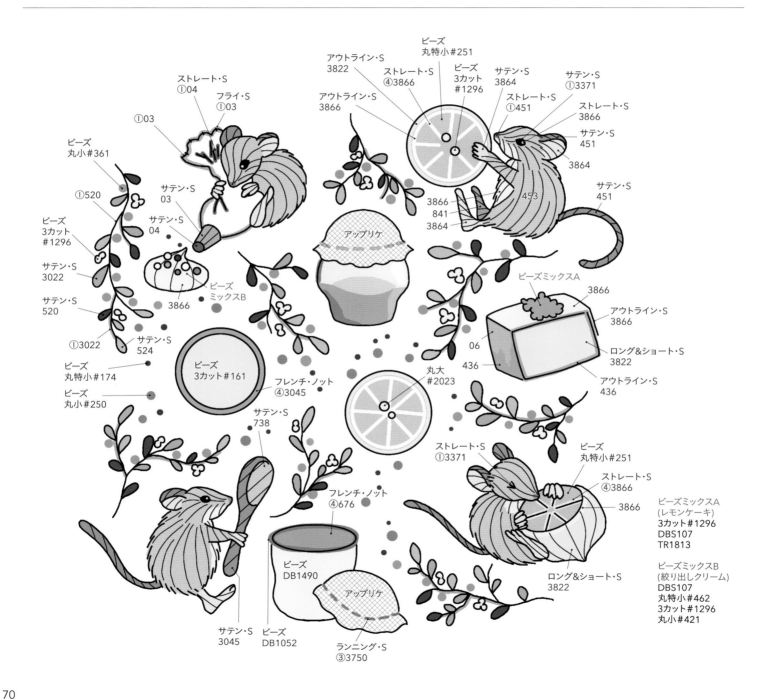

ストレート・S
①04

フライ・S
①03

①03

アウトライン・S
3822

ストレート・S
④3866

ビーズ
丸特小#251

ビーズ
3カット
#1296

サテン・S
3864

サテン・S
①3371

ストレート・S
3866

アウトライン・S
3866

ストレート・S
①451

サテン・S
451
3864

ビーズ
丸小#361

①520

サテン・S
03

サテン・S
04

ビーズ
3カット
#1296

サテン・S
3022

サテン・S
520

①3022

サテン・S
524

ビーズ
丸特小#174

ビーズ
丸小#250

ビーズ
ミックスB
3866

ビーズ
3カット#161

フレンチ・ノット
④3045

アップリケ

3866
841
3864

453

サテン・S
451

ビーズミックスA

3866

アウトライン・S
3866

ロング&ショート・S
3822

アウトライン・S
436

06

436

丸大
#2023

サテン・S
738

フレンチ・ノット
④676

ストレート・S
①3371

ビーズ
丸特小#251

ストレート・S
④3866

3866

ロング&ショート・S
3822

サテン・S
3045

ビーズ
DB1052

ビーズ
DB1490

アップリケ

ランニング・S
③3750

ビーズミックスA
(レモンケーキ)
3カット#1296
DBS107
TR1813

ビーズミックスB
(絞り出しクリーム)
DBS107
丸特小#462
3カット#1296
丸小#421

材料

●布：リネンキャンバス・生成り☆
●糸：DMC25番刺繍糸 03、04、06、435、436、451、453、520、524、676、738、841、977、3022、3045、3371、3750、3822、3864、3866
●その他：MIYUKI 3カットビーズ #1296（不透明ベージュ）、#161（ベージュ）、MIYUKI デリカビーズ DB101（ベージュ）、DB1052（マットネイビー）、DB141（透明）、DB1490（キナリ）、DBS107（ブルーグレー）、DBS222（乳白）、MIYUKI トライアングルビーズ #TR1813（緑）、MIYUKI 丸小ビーズ #250（透明）、#361（緑）、#421（パールホワイト）、MIYUKI 丸特小ビーズ #174（ライトブルー）、#251（ベージュ）、#462（赤系玉虫）、MIYUKI 丸大ビーズ #2023（ベージュ）、アップリケ用の布適量

実物大図案

糸は指定以外2本取り。○の中の数字は糸の取り本数。黒の数字の部分は指定以外アウトライン・S。青の数字の部分は、黒の数字で刺繍した部分の上から刺繍する。

〈 アップリケ部分 〉

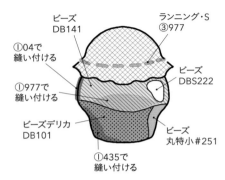

ビーズ DB141
ランニング・S ③977
①04で縫い付ける
ビーズ DBS222
①977で縫い付ける
ビーズデリカ DB101
ビーズ 丸特小 #251
①435で縫い付ける

糸の指定がない部分は、ミシン糸で縫い付ける。

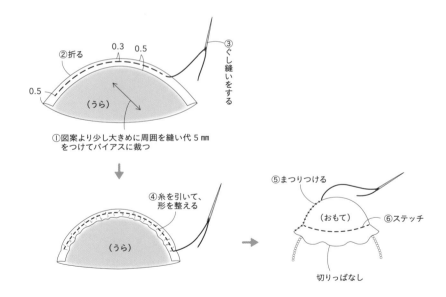

②折る　0.3　0.5
0.5
（うら）
③ぐし縫いをする
①図案より少し大きめに周囲を縫い代5mmをつけてバイアスに裁つ

④糸を引いて、形を整える
（うら）

⑤まつりつける
（おもて）
⑥ステッチ
切りっぱなし

arrangement Coin purse がま口 / Photo：p.19

材料

●**布**：コットンリネンシャンブレー・ブルー、
コットンツイル・薄グレー☆

●**糸**：DMC25番刺繍糸 520、524、642、
648、842、3022、3371、3822、3866

●**その他**：MIYUKI 丸小ビーズ #250（透明）、
#361（緑）、
MIYUKI 丸大ビーズ #250（透明）、
MIYUKI 丸特小ビーズ #251（ベージュ）、
MIYUKI 3カットビーズ #1296（不透明ベージュ）、
がま口（縫い付けるタイプ）8.5cm☆、
がま口の縫い付け糸 DMC25番刺繍糸 3866
4本取り、タッセルチャーム☆、丸カン、
カニカン、9ピン、飾りビーズ直径1.5cm

作り方

1. 表布1枚に図案を写して刺繍し、型
紙を使用して布をそれぞれ裁断する。
表布どうしを中表で合わせて縫い止まり
まで縫う。裏布2枚も同様にして縫う。
2. 1をそれぞれ縫い代を割った状態で、
表布と裏布を中表に合わせて入れ口を縫
い、返し口は6cm残す。
3. 2を表に返し、返し口をコの字とじで
まつる。まちの部分をつまんで縫う。
4. 本体を口金に押し込み、図のように口
金を縫い付け、タッセルチャームをお好
みで付ける。

実物大図案

糸は指定以外2本取り。○の中の数字は糸
の取り本数。黒の数字の部分は指定以外ア
ウトライン・S。青の数字の部分は、黒の数
字で刺繍した部分の上から刺繍する。

●**でき上がり寸法**：
8×9cm（金具含まず）

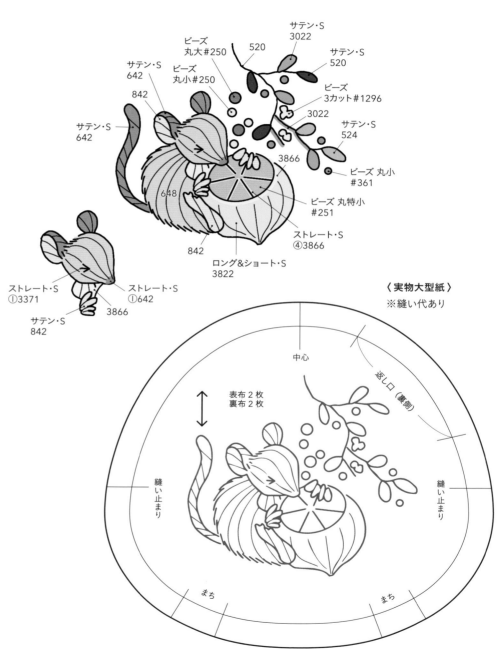

〈実物大型紙〉
※縫い代あり

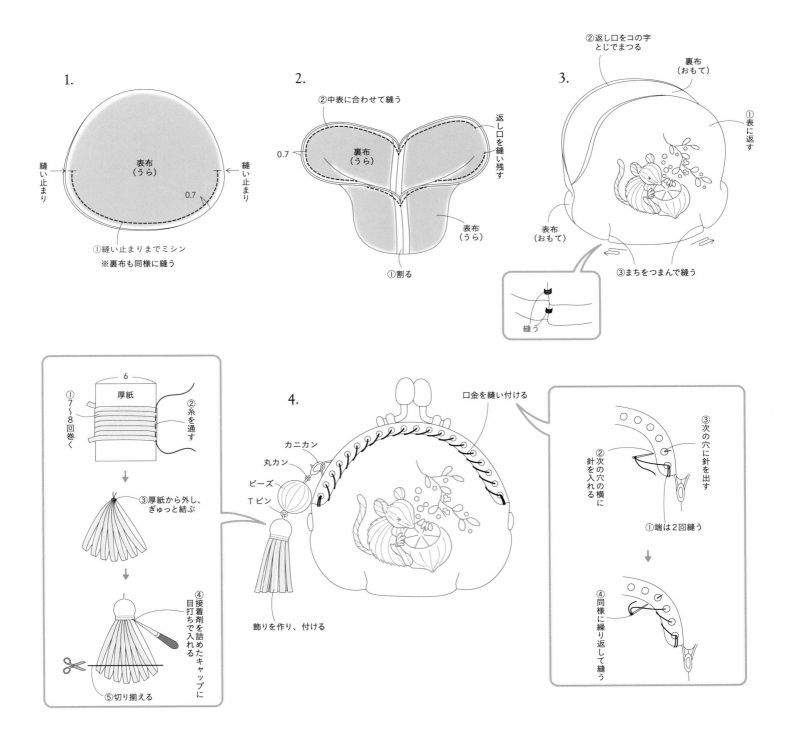

1.

縫い止まり

縫い止まり

表布
（うら）

0.7

①縫い止まりまでミシン

※裏布も同様に縫う

2.

②中表に合わせて縫う

0.7

裏布
（うら）

返し口を縫い残す

表布
（うら）

①割る

3.

②返し口をコの字
とじでまつる

裏布
（おもて）

①表に返す

表布
（おもて）

③まちをつまんで縫う

縫う

①7～8回巻く

6

厚紙

②糸を通す

③厚紙から外し、
ぎゅっと結ぶ

④接着剤を詰めたキャップに
目打ちで入れる

⑤切り揃える

4.

口金を縫い付ける

カニカン

丸カン

ビーズ

Tピン

飾りを作り、付ける

③次の穴に針を出す

②次の穴の横に
針を入れる

①端は2回縫う

④同様に繰り返して縫う

73

Fluffy cat　ふわふわの猫　/ Photo：p.20

材料

◉布：リネンキャンバス・生成り☆

◉糸：DMC25番刺繍糸　07、08、3022、3031、3033、3371、3782、3861、3865

◉その他：MIYUKI 丸特小ビーズ #459（メタリックグリーン）、接着剤、フェルト、プラバン、ブローチピン☆、裏面用レザー

作り方

p.44 の Lesson1 を参照して
ブローチに仕上げる。

実物大図案

糸は指定以外2本取り。○の中の数字は糸の取り本数。黒の数字の部分は指定以外アウトライン・S。青の数字の部分は、黒の数字で刺繍した部分の上から刺繍する。

◉でき上がり寸法：7.5 × 7㎝

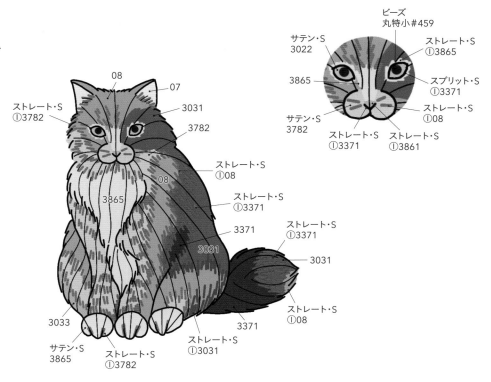

column2

愛猫を刺繍に

ペットたちの愛らしい表情は、誰よりも飼い主さんが一番よく知っていると思います。何枚かの写真を頼りに、かわいいうちの子を刺繍作品にしてみませんか？ この猫ちゃんでは、シルエットは全身のものを、目ははっきりくりくりした時のものを、尻尾はふさふさしたのが写っているものをと、3枚の写真を頼りに刺繍しました。お友達のペットを刺繍してプレゼントするときにも何枚かの写真をもらうとペットの愛らしさが伝わって作品にいきてきます。

Fox キタキツネ / Photo : p.22 ┊ Raccoon dog エゾタヌキ / Photo : p.23

材料

〈キタキツネ〉
◎布：リネンキャンバス・生成り☆
◎糸：DMC25 番刺繍糸　07、08、738、
3045、3371、3781、3866、ECRU
◎その他：MIYUKI 丸特小ビーズ #462
（赤系玉虫）、接着剤、フェルト、プラバン、
ブローチピン☆、裏面用レザー

〈エゾタヌキ〉
◎布：リネンキャンバス・生成り☆
◎糸：DMC25 番刺繍糸　07、08、3371、
3782、3866
◎その他：MIYUKI 丸特小ビーズ #455
（青系玉虫）、接着剤、フェルト、プラバン、
ブローチピン☆、裏面用レザー

作り方

p.44 の Lesson1 を参照して
ブローチに仕上げる。

実物大図案

糸は指定以外 2 本取り。○の中の数字は糸
の取り本数。黒の数字の部分は指定以外ア
ウトライン・S。青の数字の部分は、黒の数
字で刺繍した部分の上から刺繍する。

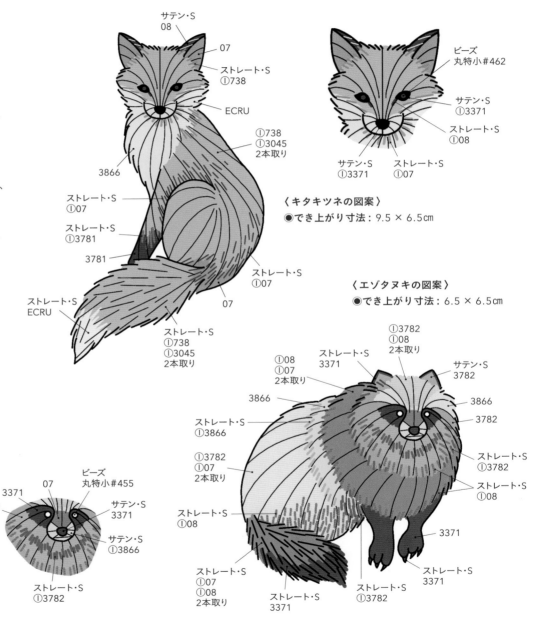

サテン・S
08
07
ストレート・S
①738
ECRU
①738
①3045
2本取り
3866
ストレート・S
①07
ストレート・S
①3781
3781
ストレート・S
ECRU
ストレート・S
①07
07
ストレート・S
①738
①3045
2本取り

ビーズ
丸特小#462
サテン・S
①3371
ストレート・S
①08
サテン・S
①3371
ストレート・S
①07

〈キタキツネの図案〉
◎でき上がり寸法：9.5 × 6.5 ㎝

〈エゾタヌキの図案〉
◎でき上がり寸法：6.5 × 6.5 ㎝

①3782
①08
2本取り
①08
①07
2本取り
ストレート・S
3371
サテン・S
3782
3866
ストレート・S
①3866
3866
3782
①3782
①07
2本取り
ストレート・S
①3782
ストレート・S
①08
ストレート・S
①08
ストレート・S
①07
①08
2本取り
ストレート・S
3371
3371
ストレート・S
①3782
ストレート・S
3371

目の縫い付け方
透明の糸で付ける

07
3371
08
ビーズ
丸特小#455
サテン・S
3371
サテン・S
①3866
ストレート・S
①3782

Hamster and his favorites foods ハムスターとごはん / Photo : p.22 | Bird 鳥 / Photo : p.23

Photo : p.22 Photo : p.23

材料

〈ハムスター〉
●布：リネンキャンバス・生成り☆
●糸：DMC25番刺繍糸 07、310、452、453、535、648、3033、3782、3866
●その他：接着剤、フェルト、プラバン、ブローチピン、裏面用レザー

〈ごはん〉
●布：リネンキャンバス・生成り☆
●糸：DMC25番刺繍糸 08、520、3348、3363、3866
●その他：接着剤、フェルト、プラバン、ブローチピン☆、裏面用レザー

〈鳥〉
●布：リネンキャンバス・生成り☆
●糸：DMC25番刺繍糸 310、413、926、3033、3768、ECRU
●その他：接着剤、フェルト、プラバン、ブローチピン☆、裏面用レザー

作り方

p.44 の Lesson1 を参照してブローチに仕上げる。

実物大図案

糸は指定以外2本取り。○の中の数字は糸の取り本数。黒の数字の部分は指定以外アウトライン・S。青の数字の部分は、黒の数字で刺繍した部分の上から刺繍する。

〈ハムスターとごはんの図案〉

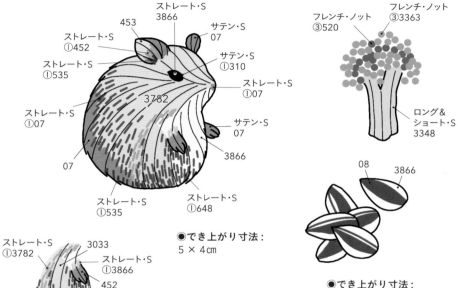

ストレート・S
3866

サテン・S
07

ストレート・S
①452

サテン・S
①310

453

ストレート・S
①535

ストレート・S
①07

3782

サテン・S
07

ストレート・S
①07

3866

07

ストレート・S
①535

ストレート・S
①648

ストレート・S
①3782

ストレート・S
①3866

3033

452

フレンチ・ノット
③520

フレンチ・ノット
③3363

ロング＆
ショート・S
3348

08   3866

●でき上がり寸法：
5 × 4cm

●でき上がり寸法：
ブロッコリー 3.5 × 2.5cm、
タネ 3 × 3.5cm、

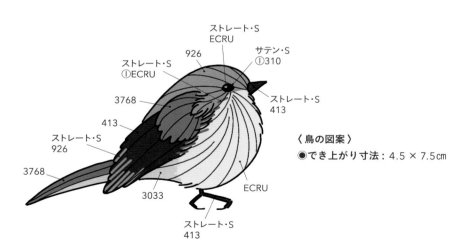

ストレート・S
ECRU

926

サテン・S
①310

ストレート・S
①ECRU

ストレート・S
413

3768

413

ストレート・S
926

3768

3033

ECRU

〈鳥の図案〉
●でき上がり寸法：4.5 × 7.5cm

ストレート・S
413

Hamster ハムスター / Photo : p.23 | Eurasian red squirrel エゾリス / Photo : p.24

〈ハムスター〉
●布：リネンキャンバス・生成り☆
●糸：DMC25 番刺繍糸　07、08、310、648、967、3864、3866

〈エゾリス〉
●布：リネンキャンバス・生成り☆
●糸：DMC25番刺繍糸　07、08、09、640、648、844、3371、3861、3866

実物大図案

糸は指定以外2本取り。○の中の数字は糸の取り本数。黒の数字の部分は指定以外アウトライン・S。青の数字の部分は、黒の数字で刺繍した部分の上から刺繍する。

〈ハムスターの図案〉

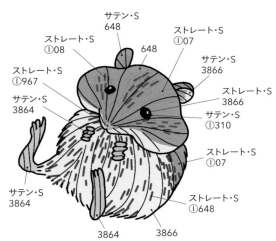

サテン・S 648
ストレート・S ①08
ストレート・S ①967
サテン・S 3864
648
ストレート・S ①07
サテン・S 3866
ストレート・S 3866
サテン・S ①310
ストレート・S ①07
ストレート・S ①648
サテン・S 3864
3864
3866

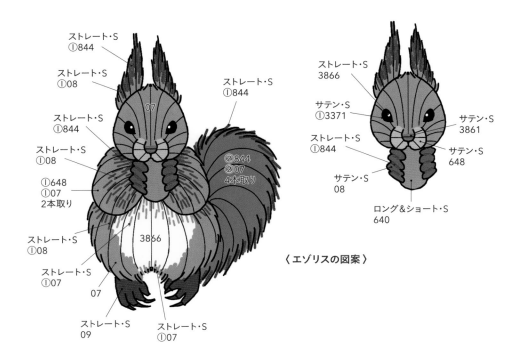

ストレート・S ①844
ストレート・S ①08
07
ストレート・S ①844
ストレート・S ①08
ストレート・S ①844
①648
①07
2本取り
ストレート・S ①08
ストレート・S ①07
07
ストレート・S 09
ストレート・S ①07
3866
②844
②07
4本取り

ストレート・S 3866
サテン・S ①3371
サテン・S 3861
ストレート・S ①844
サテン・S 648
サテン・S 08
ロング＆ショート・S 640

〈エゾリスの図案〉

Rabbit and deer charm　うさぎとバンビのチャーム　／ Photo：p.25

材料

〈うさぎ〉
●布：コスモ麻クラッシー・アイボリー（＃21）
●糸：DMC25番刺繍糸　06、07、08、3371、
3864、3866
●その他：レーヨンツイストコード3mm幅20cm、
接着剤、フェルト、プラバン、裏面用レザー、
サテンリボン6mm幅10cm、丸カン10mm、
MIYUKIファイアポリッシュ4mm K2051/33AB
（グリーン）、チェコビーズハワイアンフラワー8mm（ピンク）

〈バンビ〉
●布：コスモ麻クラッシー・アイボリー（＃21）
●糸：DMC25番刺繍糸　07、08、310、648、844、3866
●その他：レーヨンツイストコード3mm幅20cm、
接着剤、フェルト、プラバン、裏面用レザー、
サテンリボン6mm幅10cm、丸カン10mm×2、丸カン6mm、
タッセル、とんぼ玉ビーズ12mm（パープル）、
MIYUKIファイアポリッシュ4mm K2051/33AB（グリーン）、
チェコビーズハワイアンフラワー8mm（ブラウン）

実物大図案

糸は指定以外2本取り。○の中の数字は糸
の取り本数。黒の数字の部分は指定以外アウ
トライン・S。青の数字の部分は、黒の数字
で刺繍した部分の上から刺繍する。

●でき上がり寸法：7×5.5cm
（タッセル、チェーン含まず）

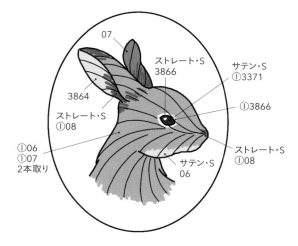

07
ストレート・S
3866
サテン・S
①3371
3864
①3866
ストレート・S
①08
ストレート・S
①08
①06
①07
2本取り
サテン・S
06

〈うさぎの図案〉

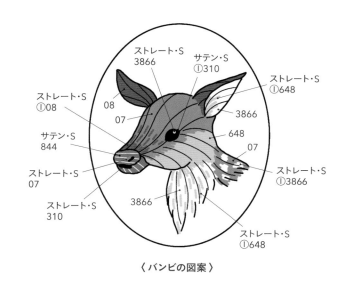

ストレート・S
3866
サテン・S
①310
ストレート・S
①648
ストレート・S
①08
08
07
3866
サテン・S
844
648
07
ストレート・S
07
ストレート・S
①3866
ストレート・S
310
3866
ストレート・S
①648

〈バンビの図案〉

作り方

1. プラバンとフェルトを実物大図案の楕円のでき上がり線サイズにカットしておく、p.53 の Lesson2 眠るリスのコンパクトミラーの作り方 51 〜を参照し、プラバンとフェルトを入れ、ぐし縫いしたパーツを作る。リボンを図のように丸カンに通し、裏面に接着剤で貼り付けておく。周囲にコードを貼る。

2. 裏面用レザーを 1 のサイズに合わせてカットし、1 の裏面に貼り合わせる。

3. コードの貼りはじめ部分にビーズなどのモチーフを付け、上下の丸カンにチャームやタッセルなどを好みで付ける。

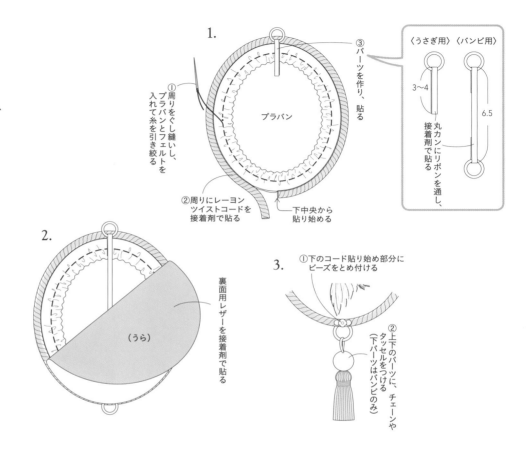

1.

プラバン

③パーツを作り、貼る

①周りをぐし縫いし、プラバンとフェルトを入れて糸を引き絞る

②周りにレーヨンツイストコードを接着剤で貼る

下中央から貼り始める

〈うさぎ用〉〈バンビ用〉

3〜4　6.5

丸カンにリボンを通し、接着剤で貼る

2.

（うら）

裏面用レザーを接着剤で貼る

3.

①下のコード貼り始め部分にビーズをとめ付ける

②上下のパーツに、チェーンやタッセルをつける（下パーツはバンビのみ）

---

column3

北海道の動物

北海道には、めずらしい動物もたくさん。シマエナガやクマゲラ、エゾナキウサギに出会えることもあります。動物たちが住んでいる場所まで出向き、実際に生息している様子を見つけるのは、とても感動して作るエネルギーにもつながります。目を凝らすと都会でも、お馴染みのスズメたちはもちろん、ヒヨドリやセキレイなど、野鳥たちに出会えます。是非、かわいらしい動物たちを眺めて、刺繍で形作る楽しみを味わってみてください。

岩の陰から姿を見せたナキウサギ

夜行性のエゾフクロウは日中は寝ていることが多い

隠した食べ物の場所を忘れることもあるエゾリス

Squirrels Harvesting berries　ベリーを収穫するリスたち　/ Photo：p.26

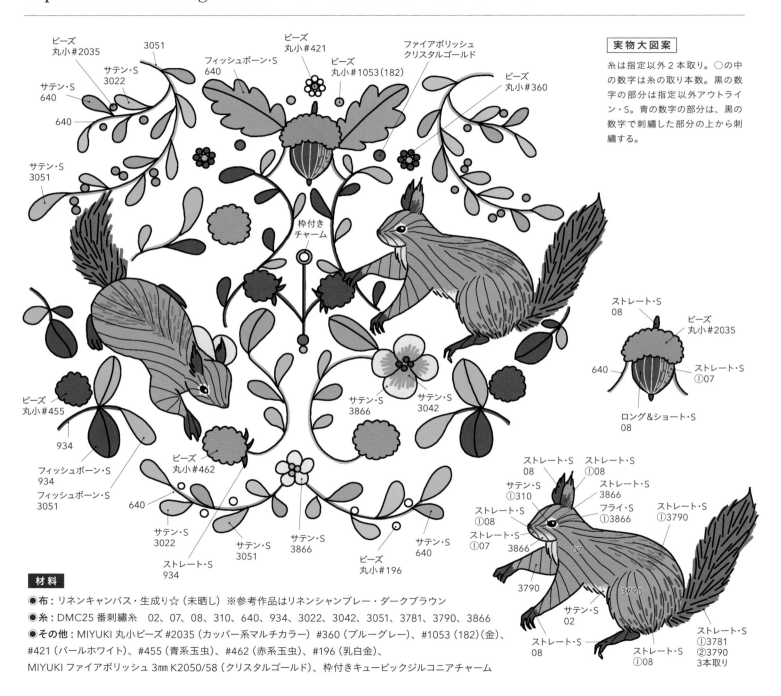

実物大図案

糸は指定以外 2 本取り。○の中の数字は糸の取り本数。黒の数字の部分は指定以外アウトライン・S。青の数字の部分は、黒の数字で刺繍した部分の上から刺繍する。

ビーズ
丸小#2035

3051

サテン・S
3022

サテン・S
640

640

サテン・S
3051

ビーズ
丸小#421

フィッシュボーン・S
640

ビーズ
丸小#1053（182）

ファイアポリッシュ
クリスタルゴールド

ビーズ
丸小#360

枠付き
チャーム

ビーズ
丸小#455

934

フィッシュボーン・S
934

フィッシュボーン・S
3051

640

ビーズ
丸小#462

サテン・S
3022

ストレート・S
934

サテン・S
3051

サテン・S
3866

サテン・S
3866

サテン・S
3042

サテン・S
640

ビーズ
丸小#196

ストレート・S
08

ビーズ
丸小#2035

640

ストレート・S
①07

ロング＆ショート・S
08

ストレート・S
08

ストレート・S
①08

サテン・S
①310

ストレート・S
①08

ストレート・S
①07

ストレート・S
3866

ストレート・S
3866

フライ・S
①3866

ストレート・S
①3790

07

ストレート・S
3790

サテン・S
02

ストレート・S
08

3790

ストレート・S
①08

3790

ストレート・S
①3781
②3790
3本取り

材料

- ●布：リネンキャンバス・生成り☆（未晒し）※参考作品はリネンシャンブレー・ダークブラウン
- ●糸：DMC25 番刺繍糸　02、07、08、310、640、934、3022、3042、3051、3781、3790、3866
- ●その他：MIYUKI 丸小ビーズ #2035（カッパー系マルチカラー）#360（ブルーグレー）、#1053（182）（金）、#421（パールホワイト）、#455（青系玉虫）、#462（赤系玉虫）、#196（乳白金）、MIYUKI ファイアポリッシュ 3mm K2050/58（クリスタルゴールド）、枠付きキュービックジルコニアチャーム

Sweet grapes 美味しい葡萄 / Photo：p.28

材料

●布：リネンキャンバス・薄グリーン☆

●糸：DMC25番刺繍糸　09、167、310、422、869、3033、
3045、3052、3362、3781、3782、3866

●その他：MIYUKI 丸小ビーズ #462（赤系玉虫）、#256（パープル）、
MIYUKI 丸大 #4209（パープル）、
MIYUKI 丸特小ビーズ #1053（182）（金）、
MIYUKI 3 カットビーズ #1053（182）（金）

サテン・S
3052

サテン・S
3362

レイジー・デイジー・S
①09

①09

ビーズ
丸特小
#1053（182）

フィッシュボーン・S
3362

ビーズ
丸小#256

ビーズ
丸小#462

丸大
#4209

ビーズ
3カット
#1053（182）

サテン・S
①310

サテン・S
3781

サテン・S
3033

ストレート・S
3866

ストレート・S
①3781

3866

3033

ストレート・S
①3045

バスケット・S

〈バスケット・S 詳細〉

ヨコ線
④3782

タテ線 ②3782
アウトライン・Sで刺す

3781

09

3033

167

ストレート・S
①869

3045

フィッシュボーン・S
3052

実物大図案

糸は指定以外2本取り。○の中の数字は糸
の取り本数。黒の数字の部分は指定以外アウ
トライン・S。青の数字の部分は、黒の数字
で刺繍した部分の上から刺繍する。

Pear and grapes bag 洋梨と葡萄のバッグ / Photo：p.29

材料

〈洋梨〉

●布：リネンキャンバス・生成り☆

●糸：DMC25番刺繡糸 09、581、834、3051

〈葡萄〉

●布：リネンキャンバス・ダークブラウン☆

●糸：DMC25番刺繡糸 06、07、09、3052、3362、3860

●その他：フェルト 9 × 9 ㎝

実物大図案

糸は指定以外 2 本取り。○の中の数字は糸の取り本数。黒の数字の部分は指定以外アウトライン・S。青の数字の部分は、黒の数字で刺繡した部分の上から刺繡する。

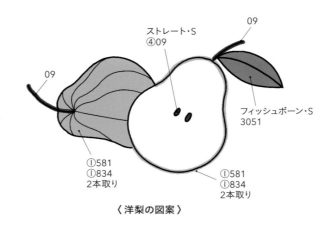

ストレート・S
④09

09

09

フィッシュボーン・S
3051

①581
①834
2本取り

①581
①834
2本取り

〈洋梨の図案〉

作り方

1. 葡萄のバッグは表布 2 枚を中表で合わせて、底部分を縫う。縫い代を割ってアイロンで開き、縫い代の両端を本体に縫い止めておく。

2. 表布の両脇を袋縫いにし、葡萄のバッグはまちを作る。

3. 葡萄のバッグはまちを底側に倒して縫い止め、フェルトをまつり縫いで縫い付ける。

4. 持ち手を作る。持ち手は中表に折って端を縫い、図のように表に返す。

5. 入れ口を縫うときに持ち手の端をはさんで縫い、表からステッチをかけて補強する。

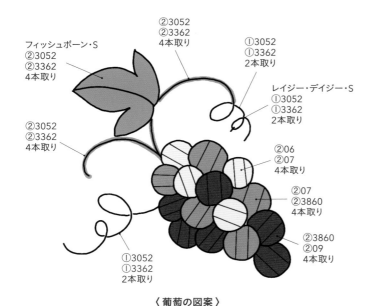

フィッシュボーン・S
②3052
②3362
4本取り

②3052
②3362
4本取り

②3052
②3362
4本取り

②3052
②3362
4本取り

①3052
①3362
2本取り

レイジー・デイジー・S
①3052
①3362
2本取り

②06
②07
4本取り

②07
②3860
4本取り

②3860
②09
4本取り

①3052
①3362
2本取り

〈葡萄の図案〉

〈寸法図〉

共通・持ち手（表布 2 枚）

縫い代 0.5

6.5

38

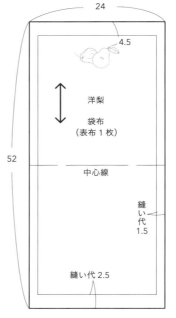

24

4.5

洋梨

袋布
（表布 1 枚）

中心線

縫い代 1.5

52

縫い代 2.5

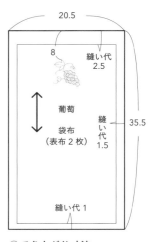

20.5

8

縫い代 2.5

葡萄

袋布
（表布 2 枚）

縫い代 1.5

35.5

縫い代 1

●でき上がり寸法：
約 33.5 × 20㎝（持ち手含まず）

●でき上がり寸法：
約 23 × 21㎝（持ち手含まず）

82

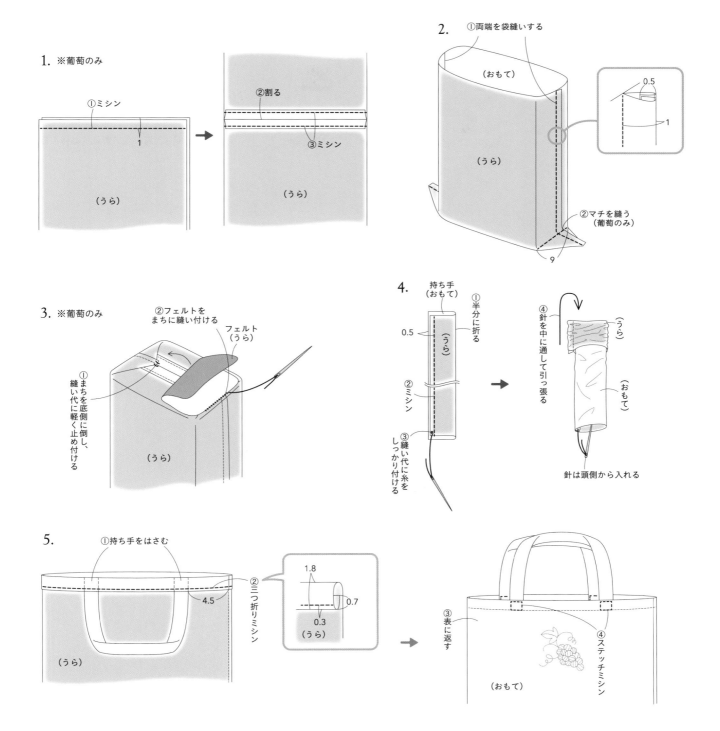

1. ※葡萄のみ

①ミシン

1

（うら）

②割る

③ミシン

（うら）

2.
①両端を袋縫いする

（おもて）

（うら）

0.5

1

②マチを縫う
（葡萄のみ）

9

3. ※葡萄のみ

②フェルトを
まちに縫い付ける

フェルト
（うら）

①まちを底側に倒し、
縫い代に軽く止め付ける

（うら）

4.
持ち手
（おもて）

0.5

①半分に折る

（うら）

②ミシン

③縫い代に糸を
しっかり付ける

④針を中に通して引っ張る

（うら）

（おもて）

針は頭側から入れる

5.
①持ち手をはさむ

4.5

②三つ折りミシン

1.8

0.7

0.3

（うら）

（うら）

③表に返す

④ステッチミシン

（おもて）

Rudbeckia ルドベキア / Photo：p.30

材料

●**布**：リネンキャンバス・生成り☆（未晒し）
●**糸**：DMC25番刺繍糸　07、08、371、640、
3047、3371、3866
●**その他**：MIYUKI 丸小ビーズ #462（赤系玉虫）、
MIYUKI 3カットビーズ #457（メタリックブラウン）

実物大図案

糸は指定以外 2 本取り。○の中の数字は糸
の取り本数。黒の数字の部分は指定以外アウ
トライン・S。

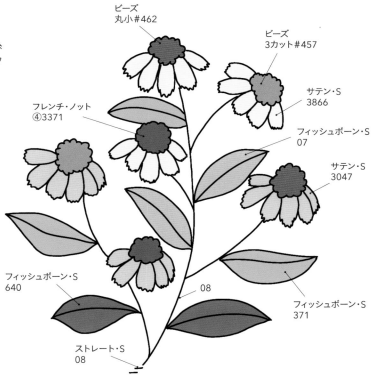

ビーズ
丸小#462

ビーズ
3カット#457

サテン・S
3866

フィッシュボーン・S
07

サテン・S
3047

フレンチ・ノット
④3371

フィッシュボーン・S
640

フィッシュボーン・S
371

08

ストレート・S
08

Autumn fruit wreath 秋の実のリース / Photo: p.31

材料

●**布:** リネンキャンバス・薄グリーン☆
●**糸:** DMC25番刺繍糸　07、09、310、
453、581、738、3022、3033、3362、
3371、3782、3790、3861、3864、3866
●**その他:** MIYUKI 丸特小 #188
（玉虫赤系マルチカラー）、#363（赤）

実物大図案

糸は指定以外 2 本取り。○の中の数字は糸
の取り本数。黒の数字の部分は指定以外アウ
トライン・S。青の数字の部分は、黒の数
字で刺繍した部分の上から刺繍する。

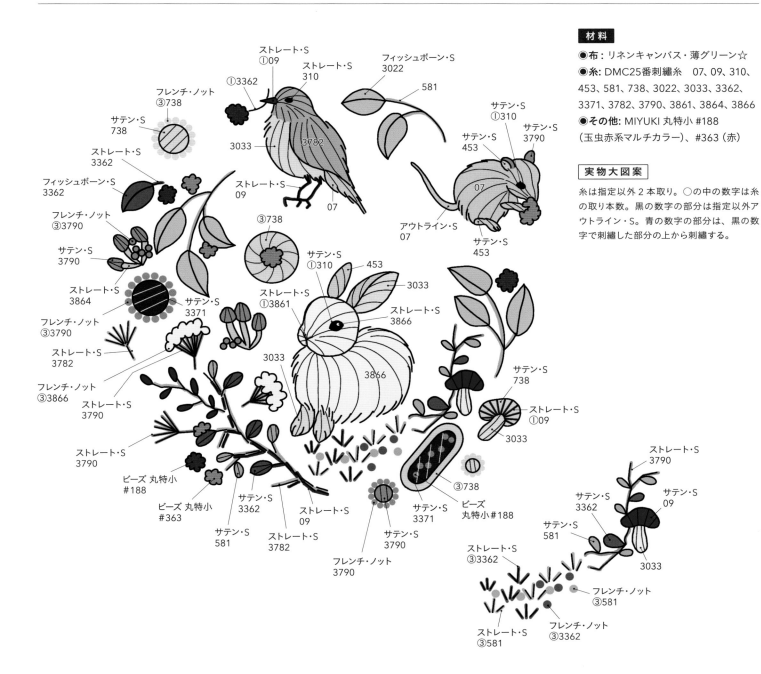

ストレート・S
①09

ストレート・S
①3362

ストレート・S
310

フィッシュボーン・S
3022

581

フレンチ・ノット
③738

サテン・S
738

ストレート・S
3362

フィッシュボーン・S
3362

フレンチ・ノット
③3790

サテン・S
3790

ストレート・S
3864

サテン・S
3371

フレンチ・ノット
③3790

ストレート・S
3782

フレンチ・ノット
③3866

ストレート・S
3790

ストレート・S
3790

ビーズ 丸特小
#188

ビーズ 丸特小
#363

サテン・S
3362

サテン・S
581

ストレート・S
3782

ストレート・S
09

フレンチ・ノット
3790

サテン・S
3790

3033

3782

ストレート・S
09

③738

サテン・S
①310

453

3033

ストレート・S
①3861

ストレート・S
3866

3033

3866

サテン・S
3371

ビーズ
丸特小#188

③738

サテン・S
①310

サテン・S
453

アウトライン・S
07

サテン・S
453

07

07

サテン・S
738

ストレート・S
①09

3033

ストレート・S
3790

サテン・S
3362

サテン・S
09

サテン・S
581

3033

ストレート・S
③3362

フレンチ・ノット
③581

ストレート・S
③581

フレンチ・ノット
③3362

My proud berries　ご自慢のベリー　/ Photo：p.32

材料

●布：リネンキャンバス・オフホワイト☆
●糸：DMC25番刺繍糸　04、09、168、
310、436、451、452、453、524、581、840、
3051、3830、3864、3866、ECRU
●その他：MIYUKI 丸小ビーズ #361（緑）、
MIYUKI 丸特小ビーズ #254（赤）、#188（玉虫赤系）

実物大図案

糸は指定以外2本取り。○の中の数字は糸
の取り本数。黒の数字の部分は指定以外アウ
トライン・S。青の数字の部分は、黒の数字
で刺繍した部分の上から刺繍する。

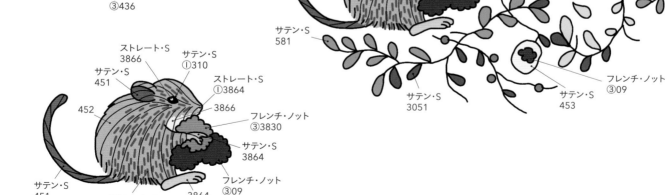

ビーズ
丸特小 #254

フレンチ・ノット
④ECRU

③436

ECRU

③436

ストレート・S
3866

サテン・S
451

サテン・S
①310

452

ストレート・S
①3864

3866

フレンチ・ノット
③3830

サテン・S
3864

サテン・S
451

ストレート・S
①840

3864

フレンチ・ノット
③09

①3051

サテン・S
840

サテン・S
168

①04

ビーズ
丸小 #361

サテン・S
524

サテン・S
3051

ビーズ
丸特小 #188

04

チェーン・S
168

サテン・S
581

サテン・S
3051

サテン・S
453

フレンチ・ノット
③09

Japanese rose　はまなす ／ Photo：p.33

材料

◉布：リネンキャンバス・生成り☆

◉糸：DMC25 番刺繍糸　08、580、3345、
3346、3721、3782、3831、3832

◉その他：MIYUKI 丸小ビーズ #254（赤）、
#265（ライトピンク）、#363（赤）、
MIYUKI 丸特小ビーズ #1053（182）（金）、
MIYUKI 六角ビーズ小 #195（透明金）、
MIYUKI グラスパール 3mm J608（ピンク）

実物大図案

糸は指定以外 2 本取り。

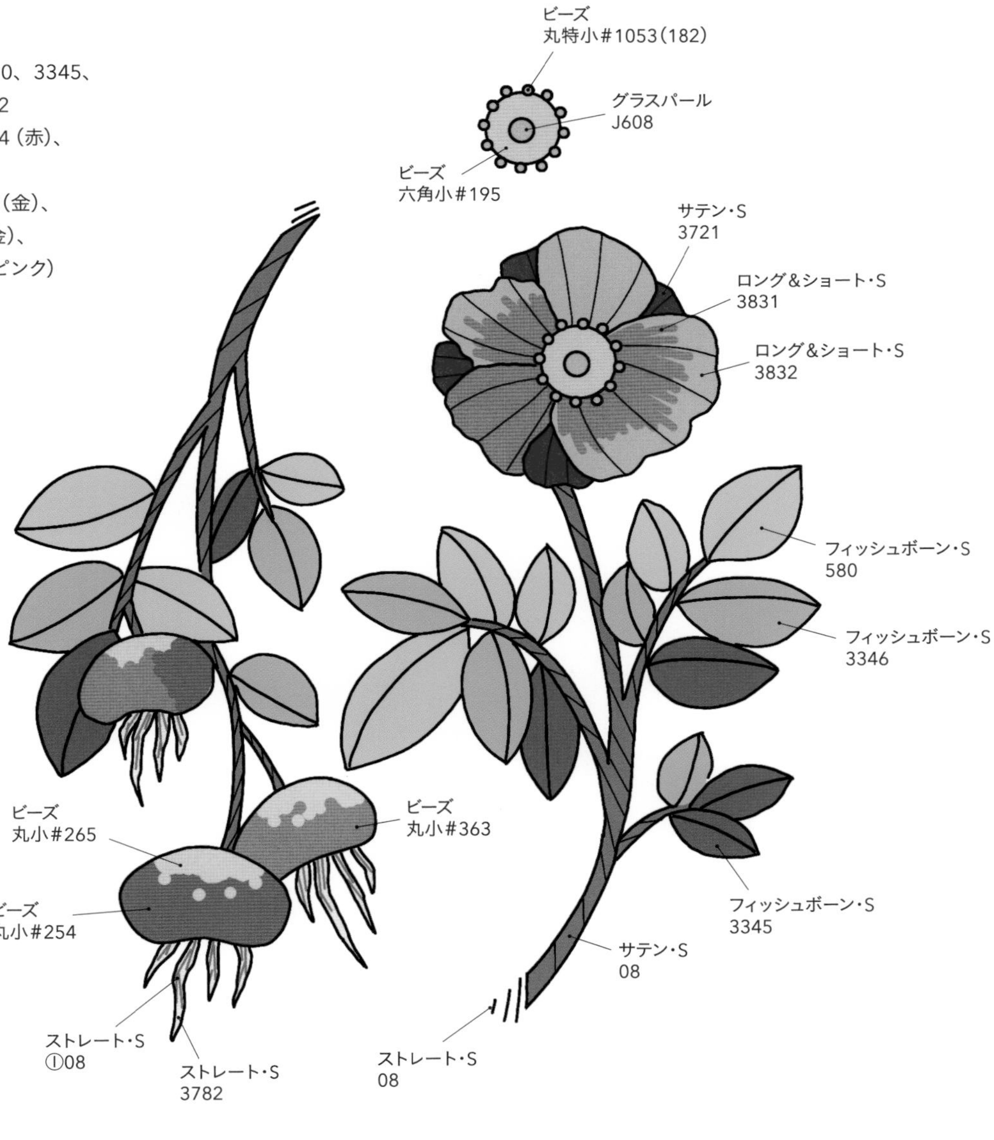

ビーズ
丸特小 #1053（182）

グラスパール
J608

ビーズ
六角小 #195

サテン・S
3721

ロング＆ショート・S
3831

ロング＆ショート・S
3832

フィッシュボーン・S
580

フィッシュボーン・S
3346

ビーズ
丸小 #265

ビーズ
丸小 #363

ビーズ
丸小 #254

フィッシュボーン・S
3345

サテン・S
08

ストレート・S
①08

ストレート・S
3782

ストレート・S
08

Flower vase brooch フラワーベースのブローチ / Photo：p.34

材料

〈パープルの花瓶〉
●布：リネンキャンバス・生成り☆
●糸：DMC25番刺繍糸 21、834、3051
●その他：MIYUKI デリカビーズ DB433（金）、
MIYUKI 丸小ビーズ #256（パープル）、接着剤、
フェルト、プラバン、ブローチピン☆、
裏面用レザー、ジルコニア枠留パーツ 2mm、
MIYUKI ファイアポリッシュ
3mm K2050/58（クリスタルゴールド）

〈青の花瓶〉
●布：リネンキャンバス・生成り（未晒し）☆
●糸：DMC25番刺繍糸 524、934、3024
●その他：MIYUKI デリカビーズ #DB1052
（マットネイビー）、
MIYUKI 3カットビーズ #1053（182）（金）、
接着剤、フェルト、プラバン、ブローチピン☆、
裏面用レザー

〈ベージュの花瓶〉
●布：コスモ麻クラッシー・ブルーグレー（＃31）
●糸：DMC25番刺繍糸 07、934、3866
●その他：MIYUKI 丸小ビーズ #421
（パールホワイト）、#336（赤）、
MIYUKI デリカビーズ DB54（ライトオレンジ）、
DB84（ブルーグリーン）、DB680（ベージュ）、
MIYUKI 3カットビーズ #1296（不透明ベージュ）、
スウェード風ひも 3mm幅 20cm、接着剤、フェルト、
プラバン、ブローチピン☆・裏面用レザー

実物大図案

糸は指定以外2本取り。○の中の数字は糸の
取り本数。黒の数字の部分は指定以外アウト
ライン・S。

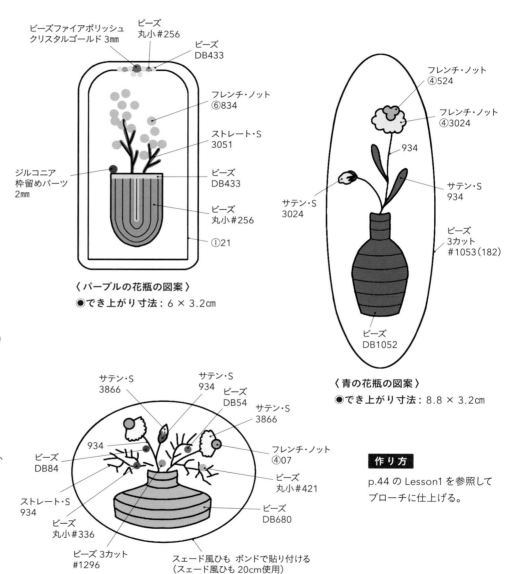

ビーズファイアポリッシュ
クリスタルゴールド 3mm
ビーズ
丸小#256
ビーズ
DB433
フレンチ・ノット
⑥834
ストレート・S
3051
ジルコニア
枠留めパーツ
2mm
ビーズ
DB433
ビーズ
丸小#256
①21

〈パープルの花瓶の図案〉
●でき上がり寸法：6×3.2cm

フレンチ・ノット
④524
フレンチ・ノット
④3024
934
サテン・S
3024
サテン・S
934
ビーズ
3カット
#1053（182）
ビーズ
DB1052

〈青の花瓶の図案〉
●でき上がり寸法：8.8×3.2cm

サテン・S
3866
サテン・S
934
ビーズ
DB54
サテン・S
3866
フレンチ・ノット
④07
ビーズ
丸小#421
ビーズ
DB680
934
ビーズ
DB84
ストレート・S
934
ビーズ
丸小#336
ビーズ 3カット
#1296
スェード風ひも ボンドで貼り付ける
（スェード風ひも 20cm使用）

〈ベージュの花瓶の図案〉
●でき上がり寸法：3.8×4.8cm

作り方

p.44 の Lesson1 を参照して
ブローチに仕上げる。

Rabbit-made group planting うさぎの寄せ植えづくり / Photo：p.35

材料

●布：リネンキャンバス・オフホワイト☆
●糸：DMC25番刺繍糸　06、07、224、310、452、453、500、580、647、648、840、844、935、3032、3033、3045、3363、3781、ECRU
●その他：MIYUKI 丸小ビーズ #336（赤）、#361（グリーン）、#2033（緑系マルチカラー）、#2035（カッパー系マルチカラー）、MIYUKI 丸特小ビーズ #250（透明）、#459（メタリックグリーン）、MIYUKI デリカビーズ DB1490（キナリ）、DB200（白）、DB261（ライトグレー）、DB271（透明）、DB680（ベージュ）、DB84（ブルーグリーン）、MIYUKI 3カットビーズ #1297（不透明ライトブルー）、#133（ベージュ）

実物大図案

糸は指定以外 2 本取り。○の中の数字は糸の取り本数。黒の数字の部分は指定以外アウトライン・S。青の数字の部分は、黒の数字で刺繍した部分の上から刺繍する。

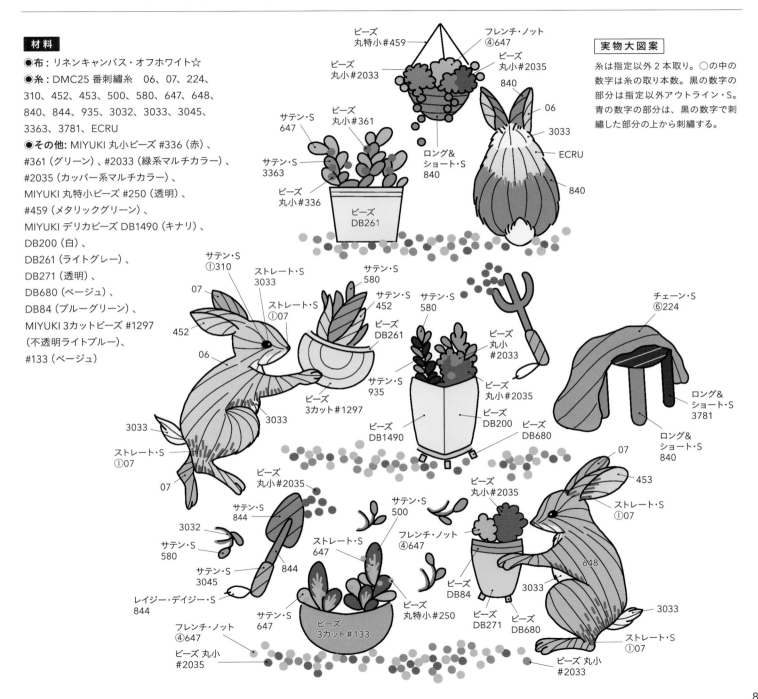

ビーズ 丸特小#459
フレンチ・ノット ④647
ビーズ 丸小#2035
ビーズ 丸小#2033
ビーズ 丸小#361
サテン・S 647
サテン・S 3363
ビーズ 丸小#336
ビーズ DB261
ロング＆ショート・S 840
840
06
3033
ECRU
840

サテン・S ①310
ストレート・S 3033
ストレート・S ①07
サテン・S 580
サテン・S 452
サテン・S 580
07
452
06
3033
3033
ストレート・S ①07
07
ビーズ DB261
ビーズ 3カット#1297
サテン・S 935
ビーズ 丸小#2033
ビーズ 丸小#2035
ビーズ DB200
ビーズ DB1490
ビーズ DB680
チェーン・S ⑥224
ロング＆ショート・S 3781
ロング＆ショート・S 840

ビーズ 丸小#2035
サテン・S 844
3032
サテン・S 580
サテン・S 3045
844
844
レイジー・デイジー・S 844
サテン・S 500
ストレート・S 647
フレンチ・ノット ④647
ストレート・S 647
ビーズ 3カット#133
フレンチ・ノット ④647
ビーズ 丸小 #2035
ビーズ 丸特小#250
ビーズ 丸小#2035
ビーズ DB84
ビーズ DB271
ビーズ DB680
07
453
ストレート・S ①07
648
3033
3033
ストレート・S ①07
ビーズ 丸小 #2033

Cat and knitting 猫と編み物 / Photo：p.36

実物大図案

糸は指定以外2本取り。○の中の数字は糸の取り本数。黒の数字の部分は指定以外アウトライン・S。青の数字の部分は、黒の数字で刺繍した部分の上から刺繍する。

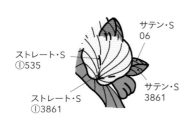

ストレート・S
①535

サテン・S
06

ストレート・S
①3861

サテン・S
3861

サテン・S
3371

サテン・S
3861

3371

サテン・S
①734

ストレート・S
①3371

ビーズ
丸特小#462

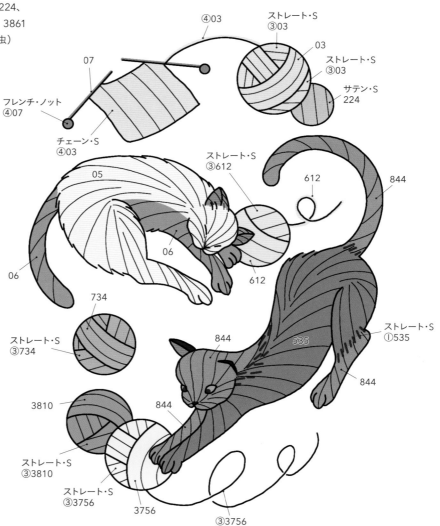

④03

ストレート・S
③03

03

ストレート・S
③03

サテン・S
224

07

フレンチ・ノット
④07

チェーン・S
④03

ストレート・S
③612

612

844

05

06

06

612

ストレート・S
③734

734

844

ストレート・S
①535

535

844

3810

844

ストレート・S
③3810

ストレート・S
③3756

3756

③3756

Hot milk 牛とホットミルク / Photo：p.37

材料

●**布**：リネンキャンバス・薄グレー

●**糸**：DMC25番刺繍糸　08、310、420、535、738、840、842、869、3045、3371、3810、3866

●**その他**：スパンコール4mm #11（ホワイト）☆、6mm#01（ホワイト）☆、アップリケ用の布適量

実物大図案

糸は指定以外2本取り。○の中の数字は糸の取り本数。黒の数字の部分は指定以外アウトライン・S。青の数字の部分は、黒の数字で刺繍した部分の上から刺繍する。

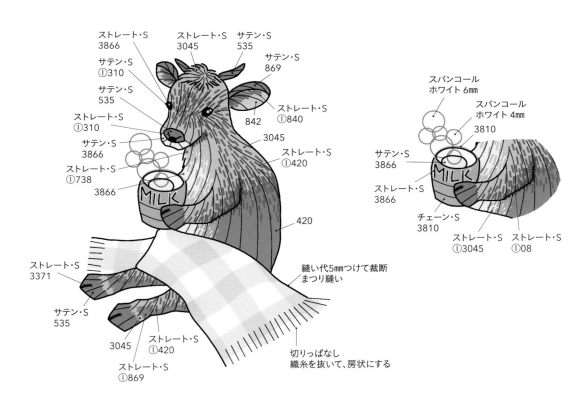

ストレート・S
3866

ストレート・S
3045

サテン・S
535

サテン・S
①310

サテン・S
869

サテン・S
535

ストレート・S
①310

ストレート・S
①840

サテン・S
3866

842

ストレート・S
①738

3045

3866

ストレート・S
①420

420

ストレート・S
3371

サテン・S
535

3045

ストレート・S
①420

ストレート・S
①869

縫い代5mmつけて裁断
まつり縫い

切りっぱなし
織糸を抜いて、房状にする

スパンコール
ホワイト 6mm

スパンコール
ホワイト 4mm
3810

サテン・S
3866

ストレート・S
3866

チェーン・S
3810

ストレート・S
①3045

ストレート・S
①08

Ermine mat おこじょマット / Photo：p.38

材料

◉**布**：越前屋 ニュークラッシー麻・生成り（未晒し）、
コットンツイル・薄グレー☆

◉**糸**：DMC25 番刺繍糸　06、168、169、310、
3371、3768、3778、3861、BLANC

◉**その他**：刺繍コード（ライトグレー）4mm幅× 70㎝☆

実物大図案

糸は指定以外 2 本取り。○の中の数字は糸
の取り本数。黒の数字の部分は指定以外アウ
トライン・S。青の数字の部分は、黒の数字
で刺繍した部分の上から刺繍する。

◉**でき上がり寸法**：約 17 × 28㎝

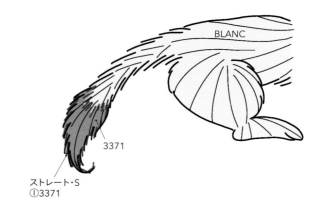

BLANC

3371

ストレート・S
①3371

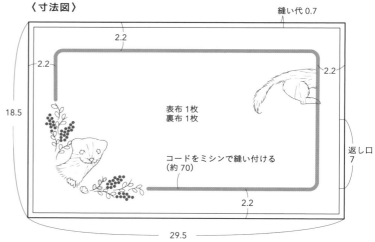

〈寸法図〉

縫い代 0.7

2.2

2.2

2.2

18.5

表布 1枚
裏布 1枚

コードをミシンで縫い付ける
（約 70）

返し口
7

2.2

29.5

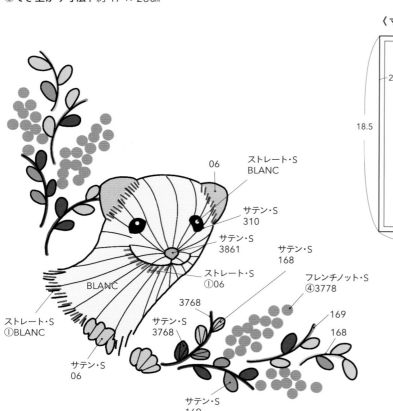

06

ストレート・S
BLANC

サテン・S
310

サテン・S
3861

サテン・S
168

BLANC

ストレート・S
①06

フレンチノット・S
④3778

ストレート・S
①BLANC

3768

サテン・S
3768

169

168

サテン・S
06

サテン・S
169

作り方

1. 指定より大きめに裁断した表布（生成り・
未晒し）に図案を写して刺繍する。表布、
裏布（薄グレー）をそれぞれ指定どおりに裁
断する。

2. 表布と裏布を中表に合わせて返し口 7㎝
を残して縫い、表に返して、返し口をまつる。
表布にコードを縫い付ける。

Stoat and ermine 夏毛と冬毛のおこじょたち / Photo：p.39

参考作品

デザインを考えるときは、下図のようにラフ
スケッチをしてから、毛並みの線を考えてい
きます。毛並みの線は、複雑になりすぎな
いよう、できるだけシンプルにまとめるのが
大切です。是非ご自身でもオリジナルの作
品を作ってみてください。

◉**でき上がり寸法：約 10 × 10㎝**

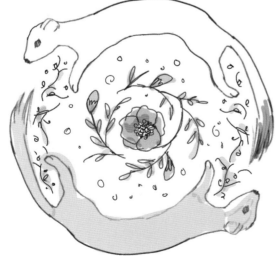

Trees on a cold day 寒い日の木 / Photo：p.40

材料

◉**布**：シルク×ポリエステル×レーヨン混紡・ブルーグレー
◉**糸**：DMC25番刺繍糸　840、3031、3782、BLANC
◉**その他**：MIYUKI デリカビーズ DBS107（ブルーグレー）、DBS222（乳白）、
スパンコール 3mm #20 ☆、4mm #12 ☆、6mm #02（すべて透明）☆

実物大図案

糸は指定以外 2 本取り。○の中の数字は糸
の取り本数。黒の数字の部分は指定以外アウ
トライン・S。青の数字の部分は、黒の数字
で刺繍した部分の上から刺繍する。

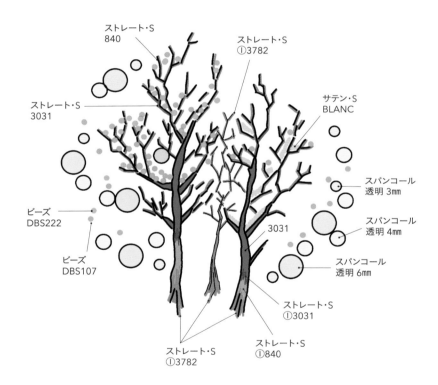

ストレート・S
840

ストレート・S
①3782

ストレート・S
3031

サテン・S
BLANC

スパンコール
透明 3mm

ビーズ
DBS222

3031

スパンコール
透明 4mm

ビーズ
DBS107

スパンコール
透明 6mm

ストレート・S
①3031

ストレート・S
①3782

ストレート・S
①840

Long-tailed tit Christmas シマエナガのクリスマス / Photo : p.41

材料

◉**布**：コットン×ポリエステルシャンブレー・ライトブルー

◉**糸**：DMC25番刺繍糸 310、935、936、3023、
3051、3371、3799、3861、3865、3866

◉**その他**：MIYUKI 丸小ビーズ #355（ピンク）、
MIYUKI 丸大ビーズ #1053（182）（金）、
MIYUKI デリカビーズ DB52（乳白）、
DB84（ブルーグリーン）、
MIYUKI 3カットビーズ #1053（182）（金）

実物大図案

糸は指定以外2本取り。○の中の数字は糸
の取り本数。黒の数字の部分は指定以外アウ
トライン・S。青の数字の部分は、黒の数字
で刺繍した部分の上から刺繍する。

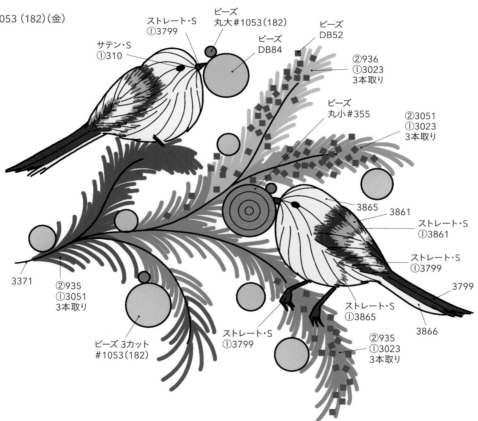

ストレート・S
①3799

サテン・S
①310

ビーズ
丸大 #1053（182）

ビーズ
DB84

ビーズ
DB52

②936
①3023
3本取り

ビーズ
丸小 #355

②3051
①3023
3本取り

3865 3861

ストレート・S
①3861

ストレート・S
①3799

3799

3371

②935
①3051
3本取り

ストレート・S
①3865

3866

ビーズ 3カット
#1053（182）

ストレート・S
①3799

②935
①3023
3本取り

森本繭香

北海道在住。身近にいる小さな動物や植物をテーマにした、精密な刺繍作品が人気。海外の手芸用品を豊富に扱う WEB SHOP『cherin-cherin』を営みながら、手芸誌への作品提供を行う。国内はもちろん、フランスなど海外の出版物などにも作品を提供している。著書に『野の花と小さな動物の刺繍』、共著に『彩る装う　花刺繍』（ともに日本文芸社）がある。

https://chelin-chelin.shop-pro.jp/

作品デザイン・制作	森本繭香
撮影	山口 明（表紙、p.02 〜 43）
	森本英吉（p.44 〜 53、動物と植物写真）
	中村光明（サンプラー）
スタイリング	上良美紀
ブックデザイン	尾崎遊也（wildpitch）
作り方解説・トレース	佐々木真由美
編集	鈴木理恵（TAND）

〈材料協力〉

ディー・エム・シー株式会社
〒101-0035 東京都千代田神田紺屋町13番地 山東ビル7F
TEL 03-5296-7831
https://www.dmc.com

株式会社 MIYUKI
〒720-0001 広島県福山市御幸町上岩成749番地
TEL 084-972-4747
https://www.miyuki-beads.co.jp

手芸の越前屋
〒104-0031 東京都中央区京橋1-1-6　越前屋ビル1F
TEL 03-3281-4911
https://www.echizen-ya.net/

手芸パーツのお店 cherin-cherin（WEB ショップ）
http://chelin-chelin.shop-pro.jp/
※材料表にある☆マークの資材は cherin-cherin で販売しています。

〈協力〉

株式会社 GREETING WORKS
〒550-0004 大阪府大阪市西区靱本町1-5-6　本町辰巳ビル7F
TEL 06-6450-8029
http://www.greetingworks.com/

草花と動物たちの 刺繍ガーデン

2021年　11月1日　第1刷発行
2023年　2月10日　第2刷発行

著　者	森本繭香
発行者	吉田芳史
印刷所	株式会社文化カラー印刷
製本所	大口製本印刷株式会社
発行所	株式会社 日本文芸社

〒100-0003　東京都千代田区一ツ橋1-1-1 パレスサイドビル8F
TEL 03-5224-6460(代表)

Printed in Japan　112211018-112230130 Ⓝ 02　(201091)
ISBN978-4-537-21936-4
URL https://www.nihonbungeisha.co.jp/
© Mayuka Morimoto　2021
編集担当 吉村